studio gusto:
the **cookbook**

강윤주

어깨 위 망원경

studio gusto:
the cookbook

강윤주

어깨 위 망원경

프로필

- 이탈리아 ICIF 요리학교 졸업
- Le Cordon Bleu 요리학교 수석 졸업
  (그랑디플롬)
- 츠지원 프랑스 요리 전문가 심화과정 수료
- 숙명여자대학교 전통문화예술대학원
  전통식생활문화 석사
- 한국보건의료인국가시험원 영양사 자격증,
  한국산업인력공단 한식, 양식, 중식,
  일식 조리 기능사 및 복어, 제과, 제빵 자격증 소유

커리어 경력사항

- 스튜디오 구스또 요리학원 및 프라이빗 레스토랑 운영
- 경기도 부천시 저탄소 학교급식 채식메뉴개발 자문위원
- 『고기 요리, 어디까지 해봤니』 요리책 저자
  (Yes24, 교보문고 등 베스트셀러)
- 신세계 아카데미/현대백화점 문화센터 요리부문 강사
- 숙명여자대학교 한국음식연구원 특강 강사 및 재외공관
  조리사 교육 담당
- 부천대학교 식품영양학과 외부 특별 강사
- 궁중 요리, 이탈리안, 브런치 카페, 멕시칸 등
  다양한 레스토랑 메뉴 컨설팅 및 자문

방송출연 경력사항

- KBS 「무엇이든 물어보세요」 객원 요리 자문 및 출연
- OBS 「깐깐하게 안심하게」 요리 자문 및 MC
- YTN 「당뇨보감」 메인 셰프
- 그외 MBC, KBS, SBS, 케이블 교양프로그램 다수

PROLOGUE

PREFACE

강 윤 주

{ STUDIO GUSTO: THE COOKBOOK }

요리는 진심을 가득 담아 전하는 러브레터와도 같습니다. 내가 만든 음식을 맛있게 먹어줄 상대방을 떠올리며 조금 더 건강하게, 조금 더 부드럽게, 조금 더 아름답게. 요리는 차마 말로는 표현하지 못하는 애틋한 마음과 배려를 듬뿍 담아 전해주는 사랑의 언어입니다.

제가 요리를 본업으로 삼을 만큼 좋아하게 된 계기도 사랑이었습니다. 정성스레 만든 요리를 소중한 사람들과 나눌 때, 그 순간의 벅참과 기쁨은 언제나 저를 세상에서 가장 행복한 사람으로 만들어 주었습니다.

이런 행복한 마음을 나누고자 이 책을 내게 되었습니다. 사랑하는 가족, 소중한 친구들, 존경하는 분들과 함께한 추억을 담은 특별한 레시피들을 이 책에 담았습니다. 명절 때마다 가족들과 옹기종기 둘러앉아 수다 떨며 먹었던 요리, 저의 요리를 유독 좋아해주는 남편을 위해 만들었던 요리, 세계 곳곳을 여행하던 중 다양한 음식과 식재료에 영감을 받아 만들었던 요리 등 책에 넣을 요리와 사진을 하나하나 작업하면서 그 레시피에 얽힌 추억을 떠올릴 수 있어 또 한 번 행복했습니다.

저의 진심과 사랑을 가득 담아 만든 이 책과 함께, 여러분들도 소중한 분들과 잊지 못할 행복한 추억을 만들 수 있기를 빕니다.

마지막으로 제 요리를 한층 더 아름답게 표현해주신 신현국 사진작가님, 부족한 저를 언제나 변함없이 지지하고 응원해주는 우리 가족에게 감사드립니다. 제가 계속 요리할 수 있게 힘을 주는 모든 소중한 분들께 이 책을 바칩니다.

요리연구가 강 윤 주

CONTENTS

PREFACE — 005

Appetizer, Soup & Banchan

가지 토마토 조림	012
겨울 동치미	014
고소한 관자 크림 수프	016
관자 토마토 수프	018
구운 가지 페타 치즈 샐러드	020
굴 된장 전골	022
궁중 달걀찜	024
나박김치	026
녹두전	028
단호박 밀전병 쌈	030
로제 수프	032
백합 조개죽	034
삼색 나물 무침	036
새우전과 굴전	038
솜땀	040
수삼 냉채	042
시저 샐러드와 구운 감자	044
신열구자탕(신선로)	046
에어룸토마토 샐러드	048
열무김치	050
완두콩 바질 수프	052
우럭 매운탕	054
자켓 포테이토(영국식 통감자구이)	056
주디스 양파 수프	058
토마토 수프의 라타투이	060
해물탕	062
화려한 탕평채	064

Main - Beef

LA갈비 — 068
떡갈비 — 070
레물라드 소스의 소안심 로스트비프 — 072
바비큐 소스의 소고기 스테이크 — 074
배말이 육회 — 076
비프스튜 — 078
소갈비 전복 조림 — 080
소갈비찜 — 082
소 안심구이와 신선한 파프리카 소스의 백김치 샐러드 — 084
수육 깻잎쌈 — 086
오사카식 스키야키 — 088
올리브 소스의 채끝등심 스테이크 — 090
포트 와인 소스의 폴페토네 — 092

Main - Pork

사과향 가득한 돼지편육조림과 부추무침 — 096
오렌지 소스 폭립 — 098
일본식 돈가스 — 100
태국식 달걀그물 돼지고기 새우볶음 — 102
팟 프리 우완 무(태국식 탕수육) — 104
회오리 함박 스테이크 — 106

Main - Chicken

닭섭산적 — 110
바삭한 치킨 탕수 — 112
안동찜닭 — 114
치즈불닭 — 116
태국식 치킨 샐러드쌈 — 118

Main - Fish & Seafood

갑오징어 보쌈 — 122
굴생채 — 124
깐쇼 새우 — 126
대하구이와 채소 볶음 — 128
도미찜 냉채 — 130

랍스터 테르미도르	132
매콤한 유사정 소스의 해물냉채	134
문어 세비체와 퀴노아 샐러드	136
바지락 토마토 볶음	138
발사믹 소스의 관자구이 샐러드	140
버섯 전복찜	142
불낙 전골	144
사천풍 양장피 새우냉채	146
수란을 곁들인 아보카도 새우 샐러드	148
연어 파피요트	150
장어 튀김 조림	152
지중해풍 문어 샐러드	154
타페나드 광어 스테이크	156
토마토와 연어 마리네이드	158
해산물구이와 로메스코 소스	160
홍콩식 도미찜	162

Rice, Noodles & Bread

강된장	166
개성식 떡만둣국	168
더덕 솥밥	170
똠얌 쌀국수	172
루콜라 치킨 샌드위치	174
베네치안 스캄피 오일 파스타	176
베이글 훈제연어 샌드위치	178
베트남식 라이스 피자	180
보드카 펜네	182
불고기 피자	184
브리애플 샌드위치	186
브리오슈 버거 샌드위치	188
스패니시 초리조 달걀구이	190
아보카도 베이컨 에그슬럿	192
아보카도 판 콘 토마테	194
어니언피클 불고기 샌드위치	196
자장면	198
장어덮밥	200

적채피클 수비드치킨 샌드위치	202
제노베제 파스타	204
참치 토마토 소스 리가토니	206
치라시즈시	208
칙피 새우칠리 토마토 수프	210
카프레제 파스타	212
크로와상 햄 샌드위치	214
파에야 믹스타	216
팟파이	218
필리 치즈 샌드위치	220
해산물 잡채	222
해산물 파스타	224
화이트 소스를 곁들인 연어 사워도우	226

Dessert & Sweets

개성 주악	230
곶감 찹쌀 구이	232
그래놀라 요거트	234
꿀단자	236
단호박 식혜	238
딸기 워터젤리	240
르뱅 쿠키	242
모스카토 칵테일	244
바스크 치즈 케이크	246
송편	248
쑥버무리	250
아몬드 사브레 쿠키	252
애플 바나나 컵케이크	254
약식	256
오미자 젤리	258
요거트 과일 타르트	260
초코칩 호두 케이크	262
초콜릿 가나슈 케이크	264
초콜릿 타르트	266
캐러멜 소스의 판나코타	268
티라미수	270

APPETIZER,

SOUP & BANCHAN

가지 토마토 조림

Braised Eggplant & Tomato

INGREDIENT

볶기

들기름	30g
가지	700g
방울토마토	20개

양념 재료

간장 30g + 국간장 30g + 조청물엿 100g

마무리

잘게 썬 청고추	2개

RECIPE

1. 가지는 5~6cm 길이로 토막 내 자르고 십자 모양으로 칼집을 낸다.

2. 방울토마토는 끓는 물에 데쳐 껍질을 벗기고, 청고추는 씨를 빼고 잘게 깍둑썰기를 한다.

3. 달군 팬에 들기름을 두른 뒤 손질해둔 가지를 부드러워질 때까지 충분히 볶는다.

4. 양념 재료를 3에 넣고 뚜껑을 닫고, 중불에 4분간 졸인 뒤 방울토마토를 넣고 살짝 볶아준다.

5. 청고추를 뿌려 마무리한다.

겨울 동치미

Winter Radish Kimchi in Broth

어린 시절, 추운 겨울날 어머니가 마당에 나가 눈 덮인 항아리에서 살짝 언 동치미를 꺼내주시던 기억이 생생하다. 팔뚝만 한 무를 듬성듬성 잘라 상에 올리면, 푸짐한 한상에 행복해하던 어린 시절의 내가 떠오른다.

INGREDIENT

절이기
겨울무	3kg
천일염	100g

부재료
쪽파	80g
홍갓	100g
홍고추	2개
청양고추	2개
양파	230g

국물

주머니
채썬 양파 242g + 다진 생강 24g + 다진 마늘 60g + 토판염 70g + 맑은 멸치액젓 80g + 스테비오사이드 6g + 배즙 200g + 물 8000g

풀국
시판 찹쌀가루	30g
고구마가루	12g
물	700g

RECIPE

1. 무는 나박썰기한 다음 천일염에 30분간 절여둔다.

2. 쪽파와 홍갓은 각각 실로 묶어두고, 홍고추와 청양고추는 2cm 길이로 토막 내고, 양파는 4등분한다.

3. 채썬 양파, 다진 생강, 다진 마늘을 국물 재료 주머니에 넣어 밀폐용기 바닥에 깔아둔다.

4. 토판염, 맑은 멸치액젓, 스테비오사이드, 배즙, 물은 풀국과 함께 섞어둔다.

5. 밀폐용기에 절인 무를 무즙(무를 절일 때 생긴 즙)과 함께 넣고, 실로 묶은 쪽파와 홍갓, 홍고추, 청양고추, 양파도 넣는다.

6. 여기에 4를 붓고 상온에 두어 익힌 다음 냉장 숙성한다.

TIP 겨울무는 단 맛이 강하고 단단하여 동치미로 만들기에 적합하다. 여름무는 수분이 많아 물러지기 쉬우므로, 위 레시피에 제시된 것보다 적은 양을 만들어서 빠른 시일 안에 먹는 것이 좋다.

고소한 관자 크림 수프
Creamy Scallop Chowder

INGREDIENT

볶기
키조개 관자	330g
올리브유	
화이트 와인	
소금, 후추	약간

토마토 콩카세
토마토	180g

끓이기
버터	90g
잘게 다진 양파	300g
중력분	48g

우유 1500g + 물 900g + 치킨스톡 15g

에멘탈 치즈	90g
소금, 후추	약간

마무리
다진 파슬리
식사용 빵

RECIPE

1. 관자는 막과 질긴 부분을 제거하고 작게 깍둑썰기한 뒤, 팬을 달구고 올리브유, 화이트 와인, 소금, 후추를 넣어 볶는다.

2. 토마토를 끓는 물에 데친 뒤 찬물에 식힌다. 잠시 후 껍질을 벗기고 씨를 제거한 뒤 잘게 깍둑썰기를 해 콩카세로 만든다.

3. 냄비에 버터, 잘게 다진 양파를 넣고 중불에 볶다가, 양파가 투명해지면 중력분을 넣고 바닥에 눌어붙을 때까지 볶는다.

4. 냄비 바닥에 3이 충분히 눌어붙으면 약불로 줄이고, 미리 합해둔 우유와 물, 치킨스톡을 붓고 바닥을 긁어가며 젓는다.

5. 눌어붙은 4를 완전히 풀어준 뒤 강불로 끓인다. 끓어오르기 시작하면 중불로 줄이고 뚜껑을 살짝 걸친 채로 6분간 끓인다.

6. 강판에 간 에멘탈 치즈와 볶은 관자를 5에 넣고 약간 걸쭉해질 때까지 저어가며 끓인다. 소금과 후추로 간을 맞춘다.

7. 끓어오르면 불을 끄고, 2를 넣고 살짝 저어준다.

8. 파슬리를 뿌려 식사용 빵과 함께 낸다.

TIP 양파는 버터에 충분히 오래 볶아야 깊은 맛이 난다. 양파의 매운맛을 내는 알린은 공기와 만나면 알리신으로 바뀌는데, 이 성분이 해물의 비린내를 잡아주고 콜레스테롤이 활성소에 의해 산화되는 것을 막아준다.
콩카세란 토마토를 끓는 물에 데쳐 껍질을 벗기고 토막 낸 뒤 씨를 제거하고, 작은 큐브 모양으로 썬 것을 말한다. 각종 소스나 가니시, 샐러드 토핑으로 사용한다.

관자 토마토 수프

Tomato Soup with Seared Scallops

INGREDIENT

볶기

풋고추	4개
완숙토마토 2개	440g
이탈리안 시즈닝	약간
올리브유	20g
다진 양파	50g
다진 마늘	5g

끓이기

소금 2g + 토마토 소스 120g +
치킨스톡 6g + 물 400g

얇게 썬 관자	3개
다진 새우살	30g
천연 설탕	2g
포트 와인	35g
트러플 오일	10g
삶은 파스타(혹은 삶은 콩 약간)	

마무리

다진 이탈리안 파슬리, 후추, 트러플 오일	약간
식사용 빵	

RECIPE

1. 풋고추는 불에 겉을 까맣게 구워 비닐봉지에 담아 밀봉해서 식힌 후, 흐르는 물로 태운 껍질과 씨를 제거한다. 완숙토마토는 끓는 물에 데친 뒤 껍질을 벗겨 4조각으로 자르고 적당히 힘을 주어 씨를 짜낸다.

2. 팬에 올리브유, 다진 양파, 다진 마늘을 향이 올라올 정도로 중약불에 살짝 볶다가, 여기에 1과 이탈리안 시즈닝을 넣고 같이 볶는다.

3. 2를 블렌더에 간 뒤 다시 냄비로 옮겨서 강불에 끓인다. 끓어오르면 약불로 줄이고 5분 더 끓인다.

4. 여기에 소금과 토마토 소스, 치킨스톡, 물을 넣고, 끓으면 관자와 다진 새우살을 넣는다. 강불로 끓이다가, 끓어오르면 약불로 줄여 2분간 더 끓인다. 천연 설탕, 포트 와인, 트러플 오일, 삶은 파스타(혹은 삶은 콩)를 넣고 불을 끈다.

5. 파슬리, 후추, 트러플 오일을 올려서 식사용 빵과 함께 담아 상에 낸다.

TIP 완숙토마토는 일반 토마토보다 리코펜의 함량이 월등하고 강력한 항암작용을 한다. 생으로 먹을 때보다 올리브유 등의 기름에 살짝 조리하면 체내 흡수율이 높아진다. 특히 칼륨이 풍부해 염분을 체외로 배출하는 데도 탁월해서, 혈압을 낮추고 부종을 예방해준다.

구운 가지 페타 치즈 샐러드

Roasted Eggplant Salad with Feta Cheese

INGREDIENT

절이기
가지 1개
굵은 소금 2g

지지기
올리브유

샐러드
블랙올리브 5개
적양파 40g
아스파라거스 줄기와 머리 16g
완숙토마토 콩카세 45g

샐러드 소스
굵게 다진 이탈리안 파슬리 0.5g +
다진 마늘 1g + 레몬즙 5g +
올리브유 8g + 토판염 1g +
대충 부순 페타 치즈 10g +
레몬 제스트 약간 + 후추 약간

마무리
다진 애플민트 2.5g +
올리브유 10g + 토판염 약간

RECIPE

1. 가지는 꼭지를 남기고 길게 반으로 가르고, 눕혔을 때 흔들리지 않도록 밑둥을 약간 도려낸다. 굵은 소금을 뿌려 1시간 정도 절인 뒤, 소금기를 물에 가볍게 씻어내고 키친타월로 물기를 제거한다.

2. 강불에 달군 그릴팬에 올리브유를 두르고 절여둔 가지를 그릴 자국이 나도록 굽는다.

3. 샐러드 재료는 모두 사방 0.5cm로 썰고, 여기에 샐러드 소스를 합해 버무린다.

4. 다진 애플민트와 올리브유, 토판염을 섞어둔다.

5. 접시에 구운 가지를 올리고, 그 위에 3을 덮듯이 올린다.

6. 접시 가장자리에 4를 그어 마무리한다.

TIP 가지는 조리법에 따라 맛과 식감이 매우 달라서 요리하는 재미가 있는 식재료다. 가지가 보랏빛을 띠는 것은 안토시아닌이라는 성분 때문인데, 안토시아닌은 지방질을 흡수해 혈관노폐물을 제거하고 용해하는 역할을 한다. 안토시아닌이 풍부한 가지는 혈중 콜레스테롤 상승을 억제해줘서 삼겹살 등 기름진 육류를 자주 먹는 사람들에게 매우 좋다. 구운 가지를 치즈, 각종 오일드레싱을 한 샐러드와 곁들여 먹으면 지용성비타민 흡수율이 높아져서 가벼운 전채요리로도 손색이 없다.

굴 된장 전골

Oyster Soy Bean Stew

비타민과 미네랄이 풍부한 굴은 내가 정말 사랑하는 식재료 중 하나다. 굴 생채, 어리굴젓, 굴 튀김, 굴 수프, 굴 밥, 굴 떡국, 굴 전골 등 굴을 이용해 만들 수 있는 요리는 정말 다양한데, 우리나라만큼 신선하고 맛있는 굴을 저렴하고 간편하게 즐길 수 있는 곳이 또 있을까? 특히 굴이 제철인 겨울에는, 굴 요리 특강을 따로 열 정도로 굴은 요리를 배우려는 사람들에게도 인기 만점인 식재료다. 굴 요리 중 가장 사랑받는 음식을 꼽으라면, 단연 굴 된장 전골이다. 굴 된장 전골은 본연의 맛을 느낄 수 있도록 옅게 끓인 육수에 다양한 채소를 넣고 심심하게 된장을 풀어서 먹는 요리다. 바닥이 보일 때쯤 밥을 넣어 죽을 끓여 먹으면 속도 편안하게 해준다. 손님 접대용으로도, 한 끼 식사용으로도 손색없는 최고의 굴 요리다.

INGREDIENT

다시마육수

다시마 30g + 구운 중멸치 30g + 물 1600g

데치기

무	8쪽
배추(겉잎)	2장
대파(푸른 잎)	50g

부재료

양파	140g
들기름	5g

끓이기

생표고	5개
애호박	80g
홍고추	1개
청양고추	2개
팽이버섯	1봉지
흰 대파	1대
두부	반 모
고춧가루	1g
된장	80g
볶은 통밀가루	5g
봉지굴	300g

마무리 양념

다진 마늘 15g + 청주 15g + 쑥갓 50g

RECIPE

1. 냄비에 육수 재료를 넣고 하룻밤 불린 뒤 그대로 불에 한소끔 끓여내고, 다시마를 건져낸다.

2. 양파는 사방 1~2cm 길이로 토막 내어 들기름에 버무려둔다.

3. 끓는 소금물에 무, 배추, 대파 순서대로 데쳐서 찬물에 헹구고 체에 물기를 뺀다. 배추는 줄기와 잎을 분리하고, 줄기는 얇고 넓게 편을 떠서 썬다.

4. 김발에 배춧잎을 깔고 줄기를 겹쳐 올리고, 그 위에 데친 대파 잎을 올리고, 김밥을 싸듯 단단히 만 다음 어슷썰기한다.

5. 무는 1cm 두께로 은행잎썰기를 하고, 생표고는 별 칼집을 넣거나 토막을 내고, 애호박은 반달썰기하고, 홍고추, 청양고추, 흰 대파는 어슷썰기하고, 두부는 도톰하게 썰어 준비한다.

6. 전골냄비에 끓이기 재료를 모두 넣고, 1과 보관했던 굴 즙을 붓고 한소끔 끓여낸 뒤, 마무리 양념과 쑥갓을 올려 다시 한소끔 끓여 상에 낸다.

TIP 마트에서 쉽게 구할 수 있는 봉지굴은 공장에서 선별해 세척해 담은 것으로, 그대로 냄비에 담아 살짝 데친 뒤 가볍게 씻어 불순물을 제거하고 사용해야 깔끔한 맛과 향을 느낄 수 있다.

궁중 달걀찜

King's Steamed Egg

INGREDIENT

멸치육수
구운 중멸치 15g + 물 600g

달걀찜
왕란 5개

밑간
멸치육수 + 양파즙 8g + 참기름 15g +
들기름 3g + 우유 75g + 소금 4g +
후추 약간

송송 썬 쪽파 .... 약간

고명(1)
중하새우 2마리
관자 2개

재료가 잠길 정도의 물 +
화이트 와인 15g + 양파즙 15g

고명(2)
맛기름 8g
밤 2알
대추 2알
불린 표고 1개

고명 소스
물 100g + 감자전분 4g + 참기름 3g +
황설탕 1g + 후추 약간

RECIPE

1. 구운 중멸치를 물에 넣고 하루 동안 둔 다음(여름에는 냉장 보관) 그대로 강불에 끓이고, 끓기 시작하면 중불로 줄여 총 10분간 끓인 다음 걸러서 식힌다. 거른 육수를 400g에 맞춰 물로 양을 조절해준다.

2. 왕란을 풀어 밑간 재료와 합해 섞어준 다음 체에 2회 내려 찜기에 붓고, 김 오른 찜통에 올려 강불에 1분, 약불에 24분간 찐 다음 송송 썬 쪽파를 뿌려둔다.

3. 새우는 껍질을 벗겨 3~4토막 내고, 관자는 막을 제거하고 사방 1cm로 썰고, 재료가 잠길 정도의 물에 화이트 와인과 양파즙을 넣고 새우, 관자 순서대로 데친다.

4. 밤과 대추, 불린 표고는 사방 1cm로 썰어 맛기름에 볶는다.

5. 고명 소스를 팬에 넣고 저어가며 한소끔 끓여내고, 3과 4를 넣고 섞어준다.

6. 상에 내기 직전, 달걀찜 위에 5를 올려 낸다.

TIP 전분 처리한 고명 소스를 달걀찜 위에 올리면 달걀찜이 쉽게 식지 않는다.

나박김치

Nabak Kimchi

INGREDIENT

절이기

알배기 배추	500g
무(사방 1.5~2cm)	450g

굵은 소금 23g + 감미료 2g

부재료

쪽파	50g
미나리 줄기	50g
밤	60g
홍고추	40g

국물

배 200g + 양파 300g + 생강 15g + 마늘 30g + 물 200g

물	2800g
고춧가루	21g
볶은 소금	57g
스테비오사이드	6g

RECIPE

1. 알배기 배추와 무는 사방 1.5~2cm 크기로 썬 다음, 굵은 소금과 감미료에 30분간 절인다.

2. 쪽파와 미나리 줄기는 1.5~2cm 길이로 토막 내고, 밤은 편썰기하고, 홍고추는 씨를 제거한 뒤 어슷하게 채 썬다.

3. 블렌더에 껍질 깐 배, 양파, 생강, 마늘, 물을 넣고 곱게 간 뒤 국물 주머니에 담고, 체에 얹어 적당히 짠다.

4. 블렌더에 남아 있는 양념을 물(2800g)로 헹궈가며 국물 주머니에 넣고, 주머니를 주물러가며 짠다.

5. 국물 주머니에 고춧가루를 합하고, 어느 정도 색이 나면 볶은 소금, 스테비오사이드로 간한다.

6. 김치통에 절인 배추와 무, 쪽파, 미나리 줄기, 밤, 홍고추를 합해 담고, 5를 부어 섞는다.

7. 국물이 익도록 상온에 1일간 둔 다음 냉장 숙성한다.

TIP '나박'은 무의 한자식 표현 '나복'의 순우리말이다. 얼핏 동치미와 비슷한 듯하나, 나박김치는 무를 각지게 썰어서 설익게 숙성시키고, 동치미는 무를 통째로 담아 오래 숙성시킨다는 점에서 완전히 다르다.

녹두전

Mung Bean Pancakes

INGREDIENT

갈기

마른 녹두	120g
물	16g
잣	10g

녹두 반죽

소금 2g + 숙주 60g + 양파 30g

고명

다진 소고기	40g
포트 와인	5g
맛기름	약간
껍질 깐 새우	100g
느타리버섯	40g
소금, 후추	약간
배추김치 줄기	50g
움파	20g

지지기

식용유

마무리

링슬라이스한 청고추 및 홍고추

초간장

간장 15g + 물 15g + 식초 1g

RECIPE

1. 녹두는 깨끗이 씻어 넉넉한 물에 하룻밤 불린 뒤, 녹두 불린 물에 주물러 녹두 껍질을 벗기고, 껍질을 물에 헹궈가며 흘리듯 버린다. 껍질을 벗긴 녹두와 물, 잣을 블렌더에 넣고 갈아준다.

2. 1에 녹두 반죽 재료를 넣고 섞는다.

3. 다진 소고기는 팬에 맛기름을 둘러 볶고, 포트 와인을 넣어 바싹 졸여준다.

4. 껍질 깐 새우는 송송 썬 뒤 소금, 후추에 밑간하고, 달궈진 팬에 맛기름을 둘러 볶고, 느타리버섯은 잘게 송송 썰어 소금에 주물러 절여준 뒤 꼭 짜고, 배추김치는 줄기 부분을 물에 씻어 송송 썬 다음 꼭 짜준다. 이때 움파도 송송 썰고, 준비한 고명을 전부 합해 섞는다.

5. 팬에 식용유를 넉넉히 두르고, 녹두 반죽을 바닥에 깔듯 적당히 떠서 올리고, 그 위에 준비한 고명을 덮듯 올리고, 그 위에 다시 녹두 반죽을 올린 다음, 링슬라이스한 청고추와 홍고추를 올린 뒤 약불에 노릇하게 지지고, 채반으로 옮겨 기름을 뺀다.

6. 접시에 초간장과 곁들여 낸다.

TIP 녹두는 알갱이가 살아 있도록 거칠게 갈아야 식감이 좋다.

단호박 밀전병 쌈

Pumpkin Crepes with Seafood

INGREDIENT

단호박 밀전병 반죽

찐 밤호박	50g
왕란	1개
물	110g
중력분	85g
소금	1g

지지기

맛기름

곁들이

중하새우	100g
오징어 몸통	1/2개

재료가 잠길 정도의 물 + 셀러리잎 약간 + 화이트 와인 약간

볶기

맛기름	약간
취청오이	1/2개
소금	2g
소고기 우둔살	100g
양파즙	5g
맛간장	10g

연겨자 소스

튜브 연겨자 15g + 설탕 18g + 사과식초 22g + 소금 2g + 간장 4g + 물 15g

RECIPE

1. 밤호박은 반을 갈라 씨를 제거하고, 비닐봉지에 담아 그릇에 올려서 전자레인지에 2~3분간 찌고, 속을 긁어서 체에 내린다. 여기에 왕란, 물, 중력분, 소금을 넣어 완전히 풀어준 뒤 최소 3시간~1일간 냉장 휴지하고, 팬에 맛기름을 두른 다음 지름 8~10cm인 원형 전병으로 만들어 지진다.

2. 중하새우는 껍질을 벗기고, 오징어 몸통은 껍질을 벗겨 채썰고, 셀러리잎과 화이트 와인을 넣은 물에 새우, 오징어 순서로 데친다.

3. 취청오이는 돌려깎아 채썰고, 소금에 10분간 절여 꼭 짠 뒤 맛기름을 약간 넣고 볶은 다음 식힌다.

4. 소고기 우둔살은 채썰어서 양파즙을 넣고 버무린 다음 팬에 맛기름을 둘러 하얗게 볶고, 맛간장을 넣어 물기가 없어질 때까지 졸인다.

5. 연겨자 소스 재료를 모두 합한 다음 냉장 보관한다.

6. 접시에 1과 새우, 오징어, 오이, 소고기를 올리고 5와 함께 낸다.

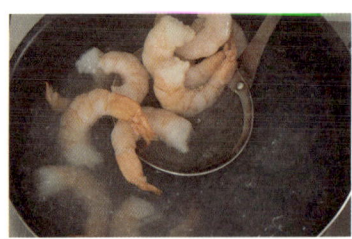

TIP 새우를 셀러리와 함께 데치면 해산물의 비린내를 없애주고 새우 본연의 맛을 한층 업그레이드해준다. 평상시 셀러리를 손질하고 남은 잎을 모아 소분해서 냉동 보관해두면 편리하다.

로제 수프

Judy's Rosé Soup

INGREDIENT

볶기
올리브유	10g
감자	30g
당근	30g
양파	50g
셀러리	12g
사과	32g
마늘	3g
토마토 페이스트	20g
볶은 통밀	2g

끓이기
닭육수(치킨스톡 2g + 물 150g)	
우유	150g
생크림	200g
소금	2g
후추	약간

가니시
작게 조각 낸 대추토마토	120g
채썬 바질잎	2장
다진 마늘	1g
트러플 오일	5g
소금	약간
후추	약간

RECIPE

1. 감자, 당근, 양파는 채를 썰고, 셀러리는 얇게 어슷썰기하고, 사과는 껍질을 까서 마늘과 함께 슬라이스해서 준비한다.

2. 달군 냄비에 올리브유를 두르고 1의 감자, 당근, 양파, 셀러리, 마늘, 사과 순으로 중약불에 투명해질 때까지 볶다가, 토마토 페이스트와 볶은 통밀을 넣고 바닥에 살짝 눋게 볶는다.

3. 닭육수를 부은 뒤 바닥을 긁어가면서 한소끔 끓이고, 이어서 우유와 생크림을 넣고 중약불로 5분간 걸쭉해질 때까지 끓인다.

4. 재료가 물러지면 핸드 블렌더로 곱게 갈아주고, 다시 불에 올려 살짝 졸이듯 끓인 뒤 소금과 후추로 간을 맞춘다.

5. 상에 내기 전에 작게 조각 낸 대추토마토, 채썬 바질잎, 다진 마늘, 트러플 오일, 소금, 후추를 버무려 가니시를 만든다.

6. 수프에 5를 올려 마무리한다.

백합 조개죽

INGREDIENT

불리기
찹쌀	300g
백합	800g

해물육수

물 3000g + 구운 중멸치 20g + 대파(푸른 부분만) 50g + 다시마 2g + 양파 200g + 건표고(중간 크기 1개) 4.5g + 애호박 100g + 굵은 소금 2g

볶기
참기름	30g
양파	140g
다진 마늘	5g

마무리
버섯, 아스파라거스	약간 추가

RECIPE

1. 찹쌀은 깨끗이 씻어 물에 2시간 이상 불렸다가 사용하기 직전에 체로 건진다. 백합은 볼에 굵은 소금을 넣고 쌀을 씻듯 벅벅 여러 번 씻어내 바닷물 염도의 소금물에 담가 해감한다.

2. 해물육수 재료를 모두 냄비에 넣어 강불에 끓이고, 끓어오르면 약불로 줄여 총 25분간 끓여낸다. 여기에 백합을 넣고 3분 더 끓인 다음 체에 육수를 걸러낸다.

3. 2에서 백합은 살만 분리해서 다지고, 표고는 채를 썬다. 애호박은 잘게 깍둑썰기한다.

4. 냄비에 참기름과 다진 백합살을 넣고 충분히 볶다가, 불린 찹쌀을 넣고 같이 볶는다.

5. 잘게 깍둑썰기한 양파와 다진 마늘을 4에 넣고 양파가 투명해질 때까지 볶다가, 해물육수 1800g을 넣고 바닥을 긁어가며 강불에 끓인다. 끓어오르면 중약불로 줄여 17분간 끓이고, 썰어둔 애호박과 표고버섯을 넣고 3분 더 끓인 뒤 불을 끈다.

6. 버섯과 아스파라거스를 5에 올린 다음 그대로 뜸을 들이듯 3분간 둔다.

TIP 필수아미노산이 풍부한 조갯살은 강장 작용이 뛰어나며, 호박산이 내는 특유의 감칠맛이 시원하고 깊은 맛을 선사한다. 조개의 여왕이라 불리는 백합은 단백질이 적은 쌀과 함께 죽을 만들어 먹으면 맛과 영양을 모두 잡을 수 있다.

삼색 나물 무침

Namul Three Ways

INGREDIENT

[고사리]

밑간
고사리	150g

채소즙 10g + 맛간장 8g + 국간장 10g

볶기
맛기름	12g
소고기육수	
(비프스톡 1g + 물 90g)	

무치기
참기름	4g
들기름	8g
홍고추	
흰 파	
통깨	2g

[도라지]

절이기
도라지	150~160g

소금 7g + 사과식초 7g +
백설탕 6g + 물 200g

볶기
맛기름	12g
소금	약간
다진 흰 파	3g
통깨	약간

[시금치]

데치기
시금치 1단	350~400g

재료가 잠길 정도의 끓는 물 + 천일염

밑간
국간장	6g

양념

간장 7.5g + 다진 파 5g +
다진 마늘 2.5g + 설탕 0.5g +
깨소금 4g + 참기름 14g

RECIPE

1. 고사리는 불린 뒤 데쳐서 뻣뻣한 줄기는 제거하고, 4~5cm 길이로 토막 낸 다음 밑간 재료를 합한 것에 주무른 뒤 15분간 둔다.

2. 팬에 맛기름을 두른 후 1을 넣고, 소고기육수를 나누어 넣어가며 약불에 물기가 없어질 때까지 볶아준다.

3. 여기에 참기름, 들기름, 2cm 길이로 토막 내어 채썬 홍고추와 흰 파를 넣고 무치고, 통깨를 넣어 마저 무친다.

4. 도라지는 4~5cm 길이로 토막 낸 다음 채썰고, 절이기 재료에 버무려 5분간 두었다가 체로 옮긴 다음 물기를 꼭 짜준다.

5. 팬에 맛기름, 소금을 두른 다음 도라지를 넣고 중약불에 물기가 없어질 때까지 충분히 볶는다.

6. 여기에 다진 흰 파, 통깨를 순서대로 넣고 살짝 볶아준다.

7. 시금치는 뿌리 끝과 누런 떡잎 등을 제거하고 물을 가득 채워 가볍게 한번 씻어준 다음, 시금치가 잠길 정도의 끓는 물에 소금을 넣고 뒤집어가며 데쳐주고, 시금치 주변이 살짝 끓어오르면 건져내 깨끗이 헹궈 체에 건진다.

8. 데친 시금치는 두 손으로 모아 짠 뒤 2~3토막 내서 국간장에 버무려 5분간 두고, 다시 한 번 두 손으로 모아 가볍게 짠 뒤 양념 재료에 무친다.

TIP

고사리는 나트륨 배출을 원활하게 해주어 혈압 및 혈중 콜레스테롤 수치를 낮추고 혈액순환이 잘되도록 돕는다. 단, 생고사리에는 비타민 B₁을 분해하는 티아미나아제라는 성분이 있으므로 꼭 익혀 먹도록 한다.

도라지는 사포닌이 풍부해서 기침 및 가래를 완화시키는 데 효과적이다. 한편 도라지에서 나는 쓴 맛도 사포닌 때문인데, 소금물에 충분히 주물러 밑간을 하고 볶으면 쓴 맛을 없앨 수 있다.

항산화제 및 비타민 K가 풍부한 시금치는 골다공증 예방에 효과적이다. 또 루테인이 들어 있어 눈 질환 예방에도 탁월하다. 단 생시금치에는 수산 성분이 높아 칼슘 흡수를 방해하므로, 끓는 물에 데쳐 먹는 것이 좋다.

새우전과 굴전

Shrimp and Oyster Pancake

INGREDIENT

전처리
중하새우 10마리

간 양파 30g + 화이트 와인 15g +
참기름 5g + 소금 약간 + 후추 약간

봉지굴

채소기름
식용유, 양파 조각, 대파, 마늘
건새우 .... 약간

부치기
부침가루
왕란 흰자 1개분
녹말물(감자전분 2g + 물 3g) 5g

고명
청고추, 홍고추

양념장
배즙 30g + 맛간장 15g +
레몬즙 15g + 다진 달래 약간

명란딥
명란젓 속 30g + 마요네즈 15g
플레인 요거트 15g +
다진 마늘 3g + 다진 양파 5g

스틱채소
오이, 당근, 셀러리, 아스파라거스, 콜라비

RECIPE

1. 새우는 머리를 자르고 꼬리는 살린 다음 껍질을 벗기고, 앞뒤로 잔칼집을 낸 뒤 모두 합한 밑간 재료에 넣어 전처리한다.

2. 굴은 봉지에 담긴 물과 함께 팬에 넣어 가볍게 굴려가며 데쳐 헹군 뒤 체에 받쳐 물기를 뺀다.

3. 달군 팬에 채소기름 재료를 볶는다.

4. 새우와 굴에 부침가루를 가볍게 묻히고, 흰자, 녹말물 순서대로 묻혀 3에 지진다. 굴 위에만 잘게 깍둑썰기 한 청고추와 홍고추 고명을 올려 지진다.

5. 접시에 새우전, 굴전과 양념장, 명란딥, 스틱채소를 올려 낸다.

TIP 전을 지질 때 한옆에 채소자투리와 건새우를 넣고 지지면 전을 훨씬 맛있게 먹을 수 있다.

Appetizer, Soup & Banchan

솜땀

Som Tam

INGREDIENT

채소

그린파파야	200~220g
그린빈	25g
대추토마토(방울토마토)	30g

소스

홍고추	1개
마늘	6g
생라임 주스	50g
피시 소스	30g
천연 설탕(= 팜슈거)	40g
작은 건새우	8g

마무리

상추	
구운 캐슈넛	25g

RECIPE

1. 그린파파야는 껍질을 벗겨 채썰기하고, 그린빈은 2cm 길이로 토막 내 끓는 소금물에 살짝 데치고, 대추토마토는 반으로 자른다.

2. 홍고추는 씨째로 어슷썰고, 마늘은 칼등으로 누른다.

3. 절구에 홍고추와 마늘을 눌러가며 짓이긴 뒤 그린빈을 넣고 라임 주스, 피시 소스, 설탕을 넣어 살짝 짓이기듯 섞어준다.

4. 그린파파야, 토마토, 건새우를 3에 넣고 잘 섞는다.

5. 유리 접시에 상추를 깔고 4를 올린 후 구운 캐슈넛을 올리듯 뿌려 마무리한다.

TIP 덜 익은 파파야와 태국식 젓갈인 남플라 소스, 팜슈거를 이용해 만든 태국식 샐러드다. 우리나라의 생채 무침과 비슷한 반찬으로, 찰밥과 함께 먹는다.

수삼 냉채

INGREDIENT

채소

오이	50g
4년근 수삼	100g
셀러리	30g
밤	100g
대추	50g
작은 생표고	6개
어린잎	

지지기

들기름	약간
소금	약간
후추	약간

소스

아카시아꿀 60g + 레몬즙 30g + 토판염 8g

RECIPE

1. 오이와 대추는 돌려깎기로 껍질을 벗겨 준비한다.

2. 오이, 수삼, 셀러리, 밤은 4~5cm 길이로 토막 낸 후 곱게 채를 썰고, 각각 얼음물에 담갔다 건져 차갑게 보관한다. 대추는 랩으로 덮어서 민 다음 채를 썬다.

3. 작은 생표고는 기둥을 제거하고 소금, 후추를 뿌린 다음 들기름에 눌러가며 지지고, 어린잎은 차갑게 보관해둔다.

4. 아카시아꿀과 레몬즙, 토판염을 작은 블렌더에 곱게 간 뒤 냉장 보관한다.

5. 지진 표고를 접시 맨 아래에 깔고 그 위에 1과 2를 섞어 올린 다음, 상에 내기 직전에 4를 뿌린다.

TIP 수삼은 면역력 상승에 도움을 주는 사포닌이 풍부한 식재료로, 암과 각종 질병 예방에 탁월하다. 수삼은 조리 전 부드러운 수세미로 닦아 뇌두와 잔뿌리를 반드시 제거해야 한다. 대추는 버무리기 직전에 섞어야 깔끔하다.

시저 샐러드와 구운 감자

Caesar Salad with Roasted Potatoes

INGREDIENT

채소
로메인, 어린잎, 블랙올리브, 방울토마토

삶기
달걀 1인당 1개

물 + 식초 + 소금 약간

드레싱

베이스
씨겨자 2.5g + 소금 0.5g +
다진 마늘 2.5g + 노른자 1/4개 +
올리브유 22.5g + 꿀 22.5g +
다진 안초비 2.5g + 파르마지아노
레지아노 치즈 5g + 레몬즙 5g +
레드 와인 식초 2g +
화이트 와인 식초 5g +
우스터 소스 2.5g + 후추 약간

마늘올리브유
튀김가루 .... 약간
마늘 50g
올리브유 100g

굽기
베이컨 4-5장
크루통: 작고 얇게 썬 식사용 빵
감자: 껍질째 씻은 감자 2개,
로즈마리 1줄기,
튀김가루, 소금, 후추 .... 약간

마무리
파르마지아노 레지아노 치즈

RECIPE

1. 로메인은 1인당 큰 것 1포기 그대로 사용하거나, 길게 반을 갈라 씻어 물기를 제거한 후 냉장 보관해 사용하고, 어린잎, 블랙올리브, 방울토마토를 함께 준비한다.

2. 달걀은 끓는 물에 식초와 소금을 넣고 중불에 12분간 삶아 껍질을 벗긴 뒤 반 토막 낸다.

3. 드레싱 베이스 재료를 모두 합해 손거품기로 충분히 휘핑한 후, 꿀, 다진 안초비, 파르마지아노 레지아노 치즈, 레몬즙, 레드와인 식초, 화이트 와인 식초, 우스터 소스, 후추를 넣고 완전히 섞어주듯 휘핑한다.

4. 베이컨은 3cm 크기로 토막 낸 후 드레싱을 약간 넣어 버무려주고, 밧드에 종이호일을 깔고 베이컨을 올려 150도로 예열된 오븐에 10분간 굽는다.

5. 봉지에 편썰기한 뒤 찬물에 담갔다 물기를 제거한 마늘과 튀김가루를 담아 흔들고, 마늘을 꺼내 튀김가루를 털어준다. 팬에 올리브유를 두른 뒤 중약불에 마늘을 서서히 튀겨 마늘올리브유를 만들고, 마늘은 따로 건져 플레이크로 사용한다.

6. 작고 얇게 썬 식사용 빵을 마늘올리브유 약간, 드레싱 약간에 버무리고, 220도로 예열된 오븐에 노릇하게 굽는다.

7. 감자는 껍질째 씻어 웨지 모양으로 썰고, 재료가 잠길 정도의 얼음물에 소금 약간을 넣고 1시간 이상 담갔다가, 끓는 물에 소금 약간을 넣고 3분간 감자를 삶아 건져서 물기를 제거한다. 여기에 소금, 후추, 굵게 다진 로즈마리, 마늘올리브유를 넣어 버무린 다음 튀김가루에 살짝 버무리고, 오븐 220도에서 20분간 구운 후, 방울토마토를 올려 5분간 더 굽는다.

8. 접시에 로메인, 어린잎, 블랙올리브, 방울토마토를 올리고, 그 위에 드레싱을 부리고, 달걀, 베이컨, 마늘 플레이크, 크루통을 올린 뒤, 한쪽에 구운 감자를 올리고, 파르마지아노 레지아노 치즈를 전체적으로 뿌려서 낸다.

TIP 시저 드레싱은 상에 내기 직전 만들어 사용해야 치즈의 풍미를 가득 느낄 수 있다.

신열구자탕(신선로)

INGREDIENT

황기 불리기

황기	1뿌리
물	1200g

육수

양지 300g + 무 300g + 채소즙 5g + 국간장 10g + 맛간장 5g + 수삼 뿌리 약간

전처리

껍질 벗긴 대하	4마리
2년근 전복살	1개
관자	2개

맛기름 + 끓는 물
밑간: 채소즙 5g + 화이트 와인 10g + 후추 약간 + 감자전분 약간

미나리 초대

미나리 줄기, 부침가루, 흰자, 식용유

지단

맛기름	약간

황지단: 왕란 노른자 2개, 소금 약간
백지단: 왕란 흰자 2개, 소금 약간

새우경단

다진 새우살 100g + 다진 양파 30g + 다진 청피망과 홍피망 30g + 새송이 30g + 다진 마늘 5g + 소금 약간 + 후추 약간

부침가루, 흰자, 맛기름

민어전

냉동 민어포	450g

밑간: 채소즙 15g + 참기름 5g + 소금 2g + 후추 약간

부침가루, 달걀물, 맛기름

채소

표고 슬라이스, 쑥갓, 미나리

RECIPE

1. 물에 황기를 넣고 1일 불린 뒤 그대로 강불에 끓이고, 끓기 시작하면 육수 재료를 넣고 강불에 끓이고, 끓어오르면 약불로 줄여 총 90분간 끓여 체에 거른다. 고기는 건져내어 도톰하게 편썰기하고, 무는 30분 후 꺼내 도톰하게 나박썰기한다.

2. 대하는 껍질을 벗겨 등에 칼집을 내고, 전복과 관자는 슬라이스해서 모두 밑간 재료에 버무리고, 전복과 관자는 끓는 물에 맛기름을 약간 넣어 살짝 데쳐낸다.

3. 미나리 줄기는 산적 꼬치에 촘촘하게 끼워 고정시킨 뒤 부침가루를 묻혀 털고, 흰자를 묻혀 팬에 기름을 약간 둘러 색이 안 나게 지지고 관자 크기로 넙적하게 썬다.

4. 달걀은 노른자와 흰자를 분리해 소금으로 간하고, 각각 약불에 도톰하게 부친 다음 납작하게 썬다.

5. 새우경단 재료를 모두 합해 충분히 치댄 뒤 호두 크기로 빚고, 부침가루, 흰자 순으로 묻히고, 팬에 맛기름을 두른 후 굴려가며 겉면만 살짝 지져낸다.

6. 민어포를 밑간 재료에 30분간 밑간하고, 부침가루, 달걀물을 순서대로 묻히고, 맛기름을 둘러 노릇하게 지져낸다.

7. 신선로 바닥에 무 조각, 재료 손질 때 나온 자투리들을 바닥에 깔고, 준비한 모든 재료를 표고 슬라이스, 쑥갓, 미나리와 보기 좋게 켜켜이 올린 뒤 황기 육수를 부어가며 끓여 먹는다(틈틈이 부재료와 육수를 첨가해가며 끓인다).

TIP 기존의 신선로를 퓨전화한 요리로, 식탁에 올려 끓여가며 먹는다.

에어룸토마토 샐러드

Heirloom Tomato Salad

INGREDIENT

에어룸토마토(혹은 일반 토마토)

드레싱

토판염 15g + 설탕 15g +
적양파촙 50g + 다진 마늘 15g +
삼색 후추 간 것 + 레드 와인 비니거
15g + 화이트 발사믹 식초 30g

채썬 바질	10장
올리브유	45g

마무리

석류, 파르마지아노 레지아노 치즈 가루, 삼색 후추	약간

RECIPE

1. 토마토는 다양한 색깔의 에어룸토마토 혹은 일반 토마토로 준비한다.

2. 토마토는 얇게 링 모양으로 썰고, 완성 접시에 살짝 겹치게 깔아준다.

3. 토판염, 설탕, 적양파촙, 다진 마늘, 간 삼색 후추, 레드 와인 비니거, 화이트 발사믹 식초를 먼저 합한 뒤, 여기에 채썬 바질과 올리브유를 섞어 드레싱을 만든다.

4. 토마토 위에 드레싱을 전체적으로 뿌린 다음, 그 위에 마무리 재료와 드레싱을 한 번 더 뿌려 마무리한다.

열무김치

Young Radish Kimchi

INGREDIENT

절이기
일산 열무 1단 (손질 전 무게 약 2100g)
소금 120g

채소즙 50g + 천연 설탕 20g +
굵은 소금 13g

백다다기 오이 2개
굵은 소금 8g

풀 쑤기
물 400g
감자 50g
통밀가루 17g

양념
고춧가루 30g

베이스
홍고추(씨째) 8개 + 무 200g +
양파 100g + 배 100g + 비트 30g +
생강 + 마늘 56g

토판염 35g
스테비아설탕 1g

RECIPE

1. 열무는 토막 내 손질하고, 넉넉한 물에 살살 한 번 씻어내어 체에 옮긴 뒤, 소금을 넣고 중간중간 뒤적여가며 1시간 동안 절인다.

2. 넉넉한 물에 1을 가볍게 두 번 씻어서 체에 올려 물기를 뺀 뒤, 채소즙, 천연 설탕, 굵은 소금에 뒤적여가며 30분 더 절인다. 백다다기 오이는 4~5토막 내서 다시 길게 4조각 낸 뒤 씨를 없애고, 굵은 소금에 10분간 절여서 가볍게 차가운 물로 씻고, 체에 받쳐 물기를 뺀다.

3. 3에 고춧가루를 넣어 불리고, 베이스 재료는 블렌더에 갈아 토판염과 합해둔다.

4. 절인 열무와 오이는 가볍게 건져 볼에 담은 후, 4와 스테비아설탕을 넣어 살살 버무린 다음 밀폐용기에 꾹꾹 눌러 담고, 비닐을 덮어 밀봉한다.

5. 열무김치는 상온에 12~16시간 익힌 다음 냉장고에 보관해 숙성시켜 먹는다.

TIP 여름 열무에는 사포닌이 듬뿍 들어 있어, 장마 및 더위 등으로 지친 원기를 회복시켜주는 데 그만이다. 열무김치에는 특별히 젓갈을 넣지 않아 시원한 맛이 난다.
열무김치 특성상 오이가 물러지는 연부 현상이 나타나는데, 오이의 씨 부분에 아스코르비나아제라는 분해 효소가 있기 때문이다. 열무김치를 담글 때 오이의 씨를 제거해주면 끝까지 아삭하게 열무김치를 즐길 수 있다.

완두콩 바질 수프

Creamy Greenpea & Basil Soup

INGREDIENT

볶기

버터	12g
올리브유	20g
다진 마늘	12g
잘게 썬 양파	272g
토판염	2g
후추	약간
바질잎	8g

끓이기

닭육수(물 480g + 치킨스톡 7g)	
우유	240g
생크림	480g
토판염	4g

토핑

생모차렐라	약간
토마토 콩카세	약간
바질잎	약간

마무리

레몬즙	약간

RECIPE

1. 완두콩은 가볍게 씻고 체에 두어 물기를 빼고, 바질은 잘게 깍둑썰기해 준비한다. 생모차렐라는 사방 1cm로 토막 낸다.

2. 냄비에 버터, 올리브유, 다진 마늘, 잘게 썬 양파를 넣고 중약불에 충분히 볶고, 이어 완두콩을 넣고 볶다가 토판염과 후추로 간한다.

3. 여기에 깍둑썰기한 바질을 넣고 살짝 볶다가, 닭육수 절반(240g)을 넣고 끓여준 후 블렌더로 옮겨 담아 갈고, 남은 닭육수(240g)를 마저 넣어 곱게 간다.

4. 3을 냄비에 담고, 우유를 블렌더에 넣어 헹군 다음, 이 우유를 냄비 육수와 합해서 한소끔 끓인다.

5. 4에 생크림을 넣고 중약불에 서서히 끓이고, 토판염으로 간한다.

6. 그릇에 수프를 담고 토핑을 올린 후, 상에 내기 직전에 레몬즙을 뿌린다.

TIP 밭에서 나는 소고기라 일컫는 콩은 단백질과 식이섬유, 비타민 E가 풍부해 피부를 건강하고 촉촉하게 해준다. 또 여성호르몬과 비슷한 이소플라본이 풍부한 식재료로, 여성 갱년기 증후군 완화에 효과적이다. 한편 바질 잎의 향기는 머리를 맑게 하고 신경 안정을 도와 두통에 좋고, 활성산소를 제거해줘서 콩처럼 여성 갱년기 증상 완화에 도움을 준다.

우럭 매운탕
Spicy Rockfish Stew

INGREDIENT

육수
물 1500g + 구운 멸치 10g + 건홍합 10g + 건새우 10g + 다시마 15g + 양파 150g + 당근 50g + 무 160g + 청양고추 1개

손질하기
큰 우럭	1마리
애호박	100g
무	120g
대파	50g
미나리	80g
버섯류	100g
청양고추	10g
홍고추	10g
중하새우	3마리
피홍합	75g
미더덕	120g
두부 1모	300g

다지기 양념
고춧가루 20g + 시판 된장 12g + 다진 마늘 20g + 미림 30g + 국간장 30g + 참치액 6g + 중하새우 1마리

RECIPE

1. 구운 멸치, 건홍합, 건새우, 다시마, 큼직하게 4토막 낸 양파, 당근, 도톰하게 나박썰기한 무, 청양고추를 물에 넣고 뚜껑을 살짝 걸친 채로 강불에 끓인다. 끓기 시작하면 10분 더 끓이다 다시마를 건져내고, 약불로 줄여 10분 더 끓인 뒤 체에 거른다.

2. 손질한 우럭은 반으로 토막 내서 깨끗이 씻고, 애호박은 0.5cm 두께로 반달썰기하고, 무는 나박썰고, 대파는 큼직하게 어슷썰고, 미나리는 7~8cm 크기로 토막 내고, 청양고추와 홍고추는 어슷썬다. 중하새우는 껍질째 손질하고, 두부는 도톰하게 나박썰기한다.

3. 고춧가루, 시판 된장, 다진 마늘, 미림, 국간장, 참치액, 껍질을 벗기고 머리까지 다진 중하새우 1마리를 합해서 다지기 양념을 만든다.

4. 냄비에 1과 나박썰기한 무, 다지기 양념의 1/2, 우럭을 넣고 한소끔 끓인 뒤 새우, 피홍합, 미더덕을 넣어 뚜껑을 살짝 걸친 채로 강불에 끓이고, 끓기 시작하면 중불로 줄여 10분간 끓인다.

5. 맛이 충분히 우러나면 다지기 양념 1/2을 마저 넣고, 끓어오르면 애호박, 무, 대파, 미나리, 버섯류, 청양고추, 홍고추와 두부를 넣고 맛이 들도록 중불에 끓여주고, 끓어오르면 약불로 줄이고 뚜껑을 닫은 채로 10분간 더 끓인다.

TIP 우럭은 회, 구이, 찜, 탕 등 다양하게 조리해 먹을 수 있는 식재료다. 우럭은 일 년 내내 구할 수 있는 생선이긴 하나, 제철인 2월부터 봄까지 특히 맛이 좋다. 우럭에는 비타민 A가 풍부해 눈에 쌓이는 피로를 풀어주고, 타우린과 아미노산이 많아 간 기능을 향상시켜 준다. 또 칼슘과 철분도 풍부해서 골다공증 예방에도 탁월하다.

Appetizer, Soup & Banchan

자켓 포테이토(영국식 통감자구이)

INGREDIENT

감자 밑간
큰 감자	4개
올리브유	15g

부재료
베이컨	50g
양파	80g
소금	약간
후추	약간

굽기
슈레드 모차렐라 치즈	약간
슈레드 체다 치즈	

마무리
사워크림
송송 썬 쪽파

RECIPE

1. 감자는 껍질째 깨끗이 씻고 포크로 깊숙이 골고루 찔러준 다음, 비닐봉지에 넣어 묶지 않은 상태로 전자레인지에 넣어 6분간 찐다.

2. 1을 올리브유에 버무려 밑간한 후 190도로 예열한 오븐에 15~20분간 굽고, 완전히 분리되지 않게 조심하며 길게 반을 가르고, 얼마간 속을 파서 부드럽게 풀어준다.

3. 베이컨은 채를 썰어 기름을 두르지 않은 팬에 올려 중약불에 기름이 나오도록 서서히 노릇노릇하게 구워서 바삭한 베이컨칩을 만든 다음 꺼낸다.

4. 베이컨 기름이 남은 팬에 채썬 양파를 넣고 소금, 후추로 간을 한 뒤 노릇하게 볶아준다.

5. 감자에 슈레드 모차렐라, 그 위에 볶은 양파, 체다 치즈를 올리고, 190도로 예열한 오븐에 5분간 굽는다.

6. 구워낸 감자에 사워크림, 베이컨칩, 송송 썬 쪽파, 체다 치즈를 뿌려 낸다.

TIP 감자에는 칼륨이 많아 혈압을 낮춰준다. 단 칼륨 성분은 물에 잘 녹으므로 감자를 삶아 먹는 것보다 쪄 먹는 것이 더 좋다. 감자는 쌀밥이 주식인 한국인에게 특히 좋은 식품인데, 쌀밥에 부족한 판토텐산 성분이 감자에 풍부하게 들어 있기 때문이다. 판토텐산은 위의 염증을 가라앉혀주며, 피로회복, 스트레스 예방에 효과적이다. 또 감자에 든 비타민 C 성분은 전분질이 감싸고 있어 쉽게 파괴되지 않으므로, 면역력 상승, 감기 예방, 활성 산소 제거에 탁월한 효능을 발휘한다.

주디스 양파 수프

Judy's Onion Soup

INGREDIENT

캐러멜 양파

채썬 양파	1kg
버터	30g
소금	약간
후추	약간
간장	5g
포트 와인	10g
볶은 통밀가루	3g

진한 육수

물 1600g + 치킨스톡 1개 + 비프스톡 2개 + 슬라이스한 당근 100g + 토막 낸 양파와 감자 각 100g + 화이트 와인 100g

채수

물	2000g
껍질째 토막 낸 양파 1개	250g
당근 1개	180g
셀러리	50g
양배추	100g
화이트 와인	100g

부케가르니

서양 대파(릭) 10cm + 이탈리안 파슬리 줄기 2개 + 생타임 줄기 2개 + 통후추 3알 + 작은 월계수잎 1장

마무리

이탈리안 파슬리춉 약간

1인분 만들기

캐러멜 양파 60g | 진한 육수 170g | 채수 70g | 포트 와인 10g | 바게트 1쪽 | 슈레드 모차렐라(혹은 그뤼에르 치즈) 50g | 에멘탈 치즈 간 것 8g

RECIPE

1. 양파는 채를 썰어서 버터와 함께 강불에 색이 날 때까지 약 5분간 볶고, 중불로 줄여 골고루 색이 나게 볶다가 약불로 줄이고 갈색이 날 때까지 볶아준다(총 20분). 소금과 후추로 간한다.

2. 캐러멜 양파에 간장을 넣고 날리듯 볶고, 포트 와인을 넣고 볶다가, 볶은 통밀가루를 넣고 1분간 더 볶아준다.

3. 냄비에 진한 육수 재료를 모두 넣고 강불에 끓이고, 끓어오르면 약불로 줄여 끓인 후 걸러내 진한 육수를 완성한다(총 30분).

4. 냄비에 채수 재료와 부케가르니 재료를 넣고 강불에 끓이고, 끓어오르면 약불로 줄여 끓인 후 걸러낸다(총 30분).

5. (1인분) 오븐용 세라믹 수프볼에 캐러멜 양파를 담고, 진한 육수와 채수, 포트 와인을 붓고, 그 위에 바게트 1쪽을 올린 뒤 모차렐라나 그뤼에르 치즈, 에멘탈 치즈를 올리고, 200도로 예열한 오븐에 노릇하게 5~8분 구운 뒤 이탈리안 파슬리춉을 뿌려 낸다.

TIP 양파 수프를 만들 때 양파가 갈색이 될 때까지 약불에 충분히 볶는 것이 포인트다. 양파를 볶는 데 시간이 오래 걸리므로, 한번에 많이 볶아 소분해서 냉동 보관하는 것이 편리하다. 부케가르니는 서양 대파(릭)를 펼친 다음 그 안에 이탈리안 파슬리 줄기, 생타임 줄기, 통후추, 작은 월계수잎을 넣고 실로 묶어 만든다. 육수를 낼 때 부케가르니를 넣으면 육수 잡내를 없애고 깊은 맛을 더할 수 있다. 육수가 완성된 후에도 건져내지 않고 은근히 끓여가며 사용한다.

토마토 수프의 라타투이

Ratatouille in Tomato Soup

INGREDIENT

지지기

애호박	190g
소금	약간
가지(두툼한 부분)	250g
물 900g + 굵은 천일염 30g	
완숙토마토 1개, 올리브유	
소금	약간
후추	약간

볶기

올리브유	10g
양파	40g
셀러리	10g
감자	50g

끓이기

닭육수
물 200g + 치킨스톡 2g

헌트 토마토 소스	152g
천연 설탕	5g
토마토 콩카세	50g
올리브유	7g
후추	약간

굽기

마스카포네 치즈 ·········· 약간
(혹은 반 토막 낸 보콘치니)

마무리

이탈리안 파슬리촙
올리브유
간 파르마지아노 레지아노 치즈

RECIPE

1. 애호박은 0.5cm 두께로 링 슬라이스해서 소금을 뿌려 10분간 절인 뒤 행주로 눌러 물기를 제거하고, 세게 달군 팬에 기름 없이 노릇하게 지져준다.

2. 가지는 1cm 두께로 슬라이스해서 굵은 천일염을 녹인 물에 10분간 절이고, 행주로 눌러 물기를 제거한 뒤 세게 달군 팬에 노릇하게 굽는다.

3. 완숙토마토는 0.5cm 두께로 슬라이스해서 세게 달군 팬에 올리브유를 두르고 겉면만 살짝 구워 지지고, 소금과 후추를 뿌린다.

4. 팬에 올리브유, 사방 0.5cm로 썬 양파와 셀러리와 감자를 올려 중약불에 충분히 볶고, 닭육수를 넣고 한소끔 끓여낸 다음 헌트 토마토 소스를 넣고 끓이고, 끓어오르면 천연 설탕, 토마토 콩카세를 넣고 살짝 끓이고, 올리브유와 후추를 넣고 불을 끈다. 모두 핸드 블렌더로 간다.

5. 오븐용 원형그릇에 1~3의 라타투이를 돌려 앉히고, 가운데에 4를 적당량 붓고, 그 위에 마스카포네 치즈를 군데군데 올려준 뒤 200도로 예열한 오븐에 5~10분간 굽는다.

6. 구운 라타투이에 마무리 재료를 뿌려 낸다.

TIP 프랑스 프로방스의 니스 지역에서 가난한 농부들이 즐겨 먹던 음식이라 알려져 있다. Rata는 '음식', Touille는 '섞다'라는 뜻이다.

해물탕

Spicy Seafood Stew

INGREDIENT

육수
다시마 10g + 구운 중멸치 15g +
건홍합살 5g + 건새우 5g +
따뜻한 물 1500g

굵은 천일염 ································· 2g

해물
중합	200g
중하새우	5마리
껍질홍합	100g
암꽃게	1마리
미더덕	100g
산낙지	1마리

다지기 양념
고춧가루 40g + 고추장 10g +
참치액젓 15g + 미림 15g + 국간장
15g + 양파즙 20g + 다진 마늘 30g +
소금 3g + 다진 생강 9g

부재료
나박썬 무	100g
도톰히 반달썰기한 애호박	100g
어슷썬 대파	60g
어슷썬 청양고추	1개
어슷썬 홍고추	1/2개
어슷썬 양파	50g
느타리	60g
팽이	60g
두부 1/2모	

마무리
미나리	50g
쑥갓	30g
청주	30g

RECIPE

1. 냄비에 육수 재료를 넣고 1시간 동안 불린 뒤 굵은 소금을 넣고 약불에서 10분 끓인다. 끓으면 그대로 강불에 2분 더 끓여 체에 거른다.

2. 해물은 각각 손질한다.

3. 고춧가루, 고추장, 참치액젓, 미림, 국간장, 양파즙, 다진 마늘, 소금, 다진 생강을 합해 다지기 양념을 만든다.

4. 냄비에 나박썬 무, 도톰히 반달썰기한 애호박, 어슷썰기한 대파와 청양고추와 홍고추, 굵게 채썬 양파, 느타리, 도톰하게 썬 두부, 팽이버섯, 중합, 중하새우, 껍질홍합, 암꽃게, 미더덕, 산낙지를 올린 다음 강불에 한소끔 끓여내고, 끓어오르면 3을 풀어 중약불에 맛이 배어들도록 10분간 끓인다.

5. 4에 마무리 재료를 넣고 한소끔 끓여 완성한다.

TIP **해물류 손질:** 중합은 맛을 보고 약간 짭잘한 바닷물 염도(3.5%)로 맞춰 1~2시간 담가 해감하고, 중하새우는 가위로 배쪽의 잔다리들을 제거하고 입 끝, 머리쪽 뿔을 제거하고 등쪽 두 번째 마디에 꼬치를 넣고 내장을 꺼낸다. 껍질홍합은 솔로 껍질을 박박 씻어내고 수염이라 불리는 족사는 보이는 부분만 살짝 뜯어내 씻는다. 꽃게는 배쪽의 아가미와 다리 끝을 제거하고 4~6조각 내고, 미더덕은 바닷물을 먹어 부푼 것만 꼬치로 찔러 빼내 가볍게 씻는다. 낙지는 머리쪽 내장, 눈, 배쪽의 입을 제거하고 밀가루를 1마리당 1숟갈 정도 넣고 바락바락 주물러주다 가볍게 샤워하듯 밀가루를 씻어내고, 여기에 식초를 약간 넣고 다시 바락바락 주물러주다 깨끗이 씻어 큼직하게 토막 낸다.

화려한 탕평채

Mung Bean Jelly Salad

INGREDIENT

데치기
- 재롱이묵 400g
- 소금 .... 약간

밑간
- 들기름 10g + 소금 약간

웃고명

황지단: 특란 1개 + 노른자 1개 + 청주 약간 + 소금 약간
백지단: 왕란 흰자 1개 + 물녹말(물 3g + 감자전분 2g + 소금 약간)
김지단: 김 1/2장, 왕란 흰자 1개 + 물녹말(물 3g + 감자전분 2g) + 소금 약간
당근: 채썬 당근 45g, 맛기름 약간, 소금 약간, 후추 약간
아스파라거스: 미니 아스파라거스 8대, 소금 약간, 참기름 약간
숙주: 거두절미 숙주 45g, 소금 약간, 설탕 약간, 참기름 약간
오이: 취청오이 50g, 소금 약간, 맛기름 약간, 설탕 약간
소고기: 채썬 소고기(홍두깨) 60g, 맛기름 약간, 맛간장, 참기름 약간
1/4장 크기로 썬 김채

소스
- 맛간장 16g + 물 16g + 참기름 10g + 다진 달래 6g

소스 없이 버무릴 때
- 소금 약간 + 참기름 약간

RECIPE

1. 묵은 냉장고에 하루 두었다가 채칼을 이용해 썬 뒤, 끓는 소금물에 투명하게 데쳐 찬물에 헹구고 물기를 뺀 다음 소금과 들기름으로 밑간한다.

2. 황지단, 백지단, 김지단의 계란은 따로 섞어 체에 내리고 나머지 재료와 합한다. 달군 팬에 기름을 닦아낸 뒤 부치고, 묵 길이로 곱게 채를 썬다.

3. 당근은 끓는 물에 살짝 데치고 팬에 기름을 두르고 살짝 볶다가 소금과 후추로 간하고, 미니 아스파라거스는 끓는 소금물에 데친 다음 참기름을 넣고 버무린다.

4. 숙주는 끓는 물에 소금을 넣고 데친 뒤 체에 물기를 빼고, 소금과 설탕, 참기름을 넣고 버무려 체에 받친다.

5. 취청오이는 돌려깎기해 소금을 넣고 10분간 절인 다음 꼭 짜고, 달궈진 팬에 기름, 설탕을 넣고 볶아서 식힌다.

6. 소고기는 결대로 채썰어서 달궈진 팬에 기름을 두른 다음 맛간장과 참기름을 약간 넣고 보슬보슬하게 볶는다.

7. 김은 곱게 채썰고, 소스 재료는 합해서 소스병에 담아둔다.

8. 준비한 접시에 묵을 깔고 나머지 웃고명을 보기 좋게 올린다. 먹기 직전 소스를 약간씩 뿌리거나, 소스 없이 버무려 상에 낸다.

TIP 탕평채는 영조 때 여러 당파가 잘 협력하기 위한 탕평책을 논하는 자리의 음식상에 처음 등장했다고 전해진다. 조화와 화합을 상징하는 요리로, 어느 상차림에나 잘 어울린다.

MAIN

BEEF

LA갈비

INGREDIENT

마리네이드

LA갈비 500g-550g

배(껍질째) 100g +
사과(껍질째) 60g + 양파 60g

블렌더 헹군 물 50g

양념

간장 33g + 미림 30g +
천연 설탕 20g + 다진 마늘 8g +
후추 0.5g + 참기름 8g

마무리

송송 썬 쪽파
통깨

RECIPE

1. 갈비는 가볍게 씻어 체에 물기를 빼고, 껍질을 벗기지 않은 배와 사과, 양파를 블렌더에 갈고, 블렌더를 헹군 물과 함께 섞어 갈비에 켜켜이 바르고 냉장고에서 4시간 동안 마리네이드한 후, 흐르는 물에 가볍게 씻어낸 다음 체에 10분간 받쳐둔다.

2. 1에 양념 재료를 넣고 버무려 1시간 동안 냉장 휴지한다.

3. 오븐을 200도로 10분간 예열한다.

4. 오븐 트레이에 크라프트 종이를 깔고 그 위에 2를 펼쳐 놓은 후 10분간 굽고, 뒤집어서 10~12분간 더 구워낸다.

5. 잘 구워진 갈비를 접시에 담고 송송 썬 쪽파와 통깨를 뿌려서 낸다.

  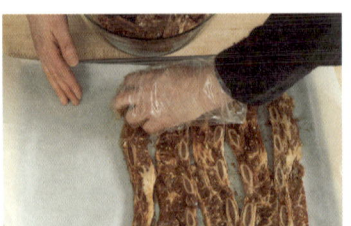 

TIP 질단면이 보이게 자른 LA갈비는 마리네이드해서 200도로 예열한 오븐에 10분간 초벌구이한 뒤 밀폐용기에 담아 냉동해두면, 바로 간편하게 요리할 수 있어 좋다.

떡갈비

Korean Galbi Patties

INGREDIENT

전처리
우엉 160g
식초 탄 물

삶기
끓는 물 500g + 채소즙 15g

볶기
맛기름 10g
맛간장 20g

떡갈비 반죽
갈빗살 300g

채소즙 10g + 레드 와인 8g + 맛간장 7g + 천연 설탕 8g + 다진 마늘 8g + 다진 흰 파 8g + 참기름 8g + 후추(약간)

송송 썬 쪽파 30g

굽기
맛기름 .... 약간
포트 와인 20g

웃고명
달걀, 새송이, 아스파라거스, 배, 녹말가루

RECIPE

1. 7~8cm로 토막 낸 우엉을 길게 채를 썰어 식초 탄 물에 담갔다 헹군 뒤, 채소즙 섞은 끓는 물에 넣어 강불로 끓이고, 끓어오르면 약불에 20분간 졸이듯 삶는다.

2. 삶은 우엉을 건져 팬에 담고 맛기름에 볶다가 맛간장을 넣고 눌러가며 쫄깃하게 볶은 다음 잘게 다진다.

3. 칼날로 다진 소갈빗살에 채소즙, 레드 와인, 맛간장, 천연 설탕, 다진 마늘, 다진 흰 파, 참기름, 후추, 2에서 다진 우엉조림 30g을 넣고 얼마간 포크로 섞어준 뒤, 송송 썬 쪽파를 섞어 떡갈비 반죽을 만든다.

4. 3을 세 덩이로 나누고 적당히 모양을 잡아 성형한 뒤 20분간 냉장 휴지하다, 세게 달군 팬에 맛기름을 두르고 색깔을 내준 뒤 약불에 노릇하게 지져 꺼내 휴지한다.

5. 고기를 구웠던 팬에 포트 와인을 넣고, 다시 휴지한 고기를 넣고 알코올을 날리듯 살짝 졸여준다.

6. 달걀은 황백을 분리해서 노른자만 약간 도톰하게 지단을 부친다.

7. 새송이, 아스파라거스, 배는 같은 길이로 토막 낸 후 다시 얇게 슬라이스해 살짝 데친 다음 물기를 제거하고 녹말가루를 묻혀 털어낸 뒤 꼬치에 끼우고, 흰자를 아래에만 묻혀 색이 나지 않도록 지진 뒤 식혀서 꼬치를 뺀다.

8. 6을 7과 같은 크기로 잘라준다.

9. 지진 떡갈비 위에 고명을 올려 낸다.

TIP 갈빗살에 우엉을 졸여 넣으면 부드러우면서도 씹는 맛을 동시에 느낄 수 있다.

레물라드 소스의 소안심 로스트비프

Roast Beef with Remoulade Sauce

INGREDIENT

전처리
덩어리 소안심 .... 350g~400g

밑간
올리브유 10g + 토판염 약간 +
간 통후추 약간

레물라드 소스

베이스
노른자(상온) 2개 +
디종 크림 머스터드 8g +
올리브유 16g + 포도씨유 100g +
안초비 페이스트 4g +
화이트 와인 식초 5g,
레몬즙 5g + 후추 약간

이탈리안 파슬리촙 5g
케이퍼 30g
다진 스위트 오이피클 80g
채썬 생바질 8g

마늘감자 퓌레
감자 .... 350g~400g

우유 120g + 물 50g + 토판염 1g +
마늘 10g

생크림 30g
버터 5g

곁들이
브로콜리, 각종 버섯, 올리브유,
버터 약간, 소금 약간, 후추 약간

RECIPE

1. 소안심에 토판염, 간 통후추, 올리브유를 비벼가며 발라준 뒤 실로 묶고, 밧드에 종이호일을 깔고 올려 200도로 예열한 오븐에 12분 굽다 10분마다 위치를 바꿔가며 굽는다. (미디엄 웰던: 총 32분 / 웰던: 총 42분)

2. 레물라드 소스 베이스 재료를 순서대로 섞어 마요네즈화한 다음, 이탈리안 파슬리촙, 물에 헹궈 물기를 뺀 케이퍼, 잘게 다진 스위트 오이피클을 섞고, 생바질을 가볍게 섞어 냉장 보관한다.

3. 껍질을 벗겨 큼직하게 토막 낸 감자, 우유, 물, 토판염, 마늘을 냄비에 담고 중약불에 푹 익힌 뒤 블렌더로 곱게 갈고, 생크림과 버터를 넣고 부드럽게 풀어준다.

4. 브로콜리는 한입 크기로 자른 뒤 끓는 소금물에 데쳐 그대로 건져 식히고, 각종 버섯은 달궈진 팬에 올리브유와 버터를 넣고 노릇하게 볶다가 소금, 후추로 간한다.

5. 접시에 3을 깔고, 로스트비프를 썰어 올리고(1인당 3편씩), 레물라드 소스를 고기 위에 올린 다음 4를 함께 낸다.

TIP 레물라드 소스에 들어가는 노른자는 신선한 것으로 사용하고, 오일로 유화시킬 때는 조금씩 유화시켜야 분리되지 않는다. 마늘감자 퓌레에 들어가는 감자를 데울 때는 우유로 농도를 조절해가며 풀어준다.

바비큐 소스의 소고기 스테이크

Sirloin Steak with BBQ Sauce

INGREDIENT

전처리
스테이크용 채끝등심 .... 180~200g

밑간
굵게 다진 마늘 10g + 올리브유 10g +
허브 믹스(약간씩) + 간 통후추 약간

바비큐 소스(4~5인용 기준)
올리브유 15g
다진 마늘 10g

베이스
우스터 소스 30g + 케첩 80g +
A1 소스 30g + 꿀 16g + 맛간장 16g +
타바스코 5g + 사과 주스 50g

굽기
굵은 천일염, 로즈마리 .... 약간

곁들이
올리브유 15g
양송이 3개
새송이 1/2개
데친 아스파라거스 2개
소금, 후추 .... 약간

RECIPE

1. 소고기는 굵게 다진 마늘과 허브 믹스, 간 통후추, 올리브유로 밑간한다.

2. 올리브유에 다진 마늘을 넣고 약불에 향이 올라오도록 굽다가, 베이스 재료를 모두 넣고 한소끔 끓인다.

3. 세게 달군 팬에 올리브유를 두르고 버섯류를 노릇하게 지지고, 데친 아스파라거스를 넣고 소금과 후추로 간해 덜어둔다.

4. 버섯을 구웠던 팬에 1과 천일염, 로즈마리를 순서대로 올려 지지듯 익혀준다.

5. 접시에 구운 고기와 곁들이를 올리고, 바비큐 소스는 따로 내거나 고기에 걸치듯 살짝 뿌려 낸다.

TIP 소고기는 굽기 전에 냉장고에서 꺼내 상온에 30분 두었다가 구우면 빠른 시간에 속까지 골고루 익힐 수 있다. 그릴팬을 센 불로 달구어 연기가 살짝 올라오기 시작할 때 중불로 줄여서 올리브유를 두르고 고기를 올려 앞뒤를 노릇하게 구우면, 스테이크를 아주 맛있게 구울 수 있다.

배말이 육회

Korean Style Pear-wrapped Beef Tartare

INGREDIENT

육회
꾸리살(= 우둔살) 300g

양념
사방 0.3cm로 다진 양파 30g +
칼날로 다진 마늘 5g +
잘게 송송 썬 실파 10g + 간장 30g +
올리고당 15g + 매실청 5g +
참기름 20g + 볶은 통깨 3g +
굵게 다진 볶은 잣 20g

재우기
배, 레몬즙

김치 소스
깍두기 국물(혹은 김치 국물) 30g
+ 다진 양파 30g + 사과식초 15g +
올리고당 30g

곁들이
어린잎
반숙 메추리알

끓는 물 + 식초 + 소금

마무리
구운 잣, 어린잎 .... 약간

RECIPE

1. 소고기는 거즈에 핏물을 빼서 칼날로 다지듯 잘게 깍둑썰기한 뒤, 상에 내기 직전에 양념 재료에 넣고 버무린다.

2. 배는 양끝을 자른 다음 얇게 돌려깎은 뒤, 레몬즙에 재워 차갑게 둔다.

3. 블렌더에 김치 소스 재료를 넣고 곱게 간다.

4. 메추리알은 끓는 물에 식초와 소금을 넣고 1분 40초간 삶은 뒤 얼음물에 식힌 다음 껍질을 깐다.

5. 돌려깎기한 배에 육회를 올려 돌돌 만 뒤, 길이가 짧으면 그대로 두고 길면 반으로 썰어준다.

6. 접시에 배말이 육회, 어린잎, 메추리알을 순서대로 쌓아 올리고, 김치 소스를 접시에 두른다.

  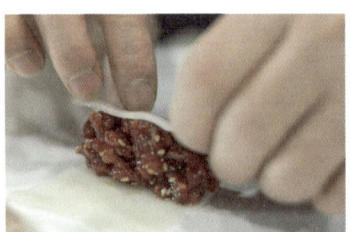 

TIP 잘 익은 김치 국물로 김치 소스를 만들면 육회를 좀 더 상큼하게 즐길 수 있다.

비프스튜
Hearty Beef Stew

INGREDIENT

볶기
올리브유	15g
양파	200g
당근	150g
셀러리	50g
소금, 후추	약간

육수
물 1500g + 비프스톡 1개 + 치킨스톡 1개 + 당근 자투리 + 감자 자투리 + 양송이 자투리 + 셀러리잎 15g

버무리기
양송이	180g
브로콜리	100g
토판염	5g
볶은 통밀가루	15g

전처리
소고기 사태(혹은 부챗살, 치마양지) 450g

밑간: 포트 와인 15g + 토판염 2g + 후추 1g + 볶은 통밀가루 10g

볶기
올리브유	15g
누른 마늘	18g
토마토 페이스트	72g

끓이기
핫소스 15g + 천연 설탕 10g + 후추(약간) + 페페론치노 0.5g + 월계수잎 2장

완숙토마토 400g

마무리
삶은 마카로니 혹은 삶은 콩 (기호에 따라 선택)
굵게 다진 이탈리안 파슬리

RECIPE

1. 양파는 밑동을 남기고 웨지 모양으로 썰고, 당근과 감자는 적당히 토막 내 모서리를 둥글게 다듬고(자투리 보관), 셀러리는 2cm로 토막 낸 후, 모두 올리브유에 살짝 색이 나도록 볶다가 소금과 후추로 간한 다음 덜어낸다.

2. 육수 재료는 강불에 끓이다 끓어오르면 약불로 줄이고 총 20분간 끓인 다음 체에 거른다.

3. 양송이는 큰 것은 반 토막 내고 브로콜리는 통째로 데쳐서 토판염, 볶은 통밀가루에 버무려둔다.

4. 소고기는 스테이크 사이즈로 적당히 토막 내고 밑간 재료에 버무린 뒤 올리브유와 누른 마늘을 넣고 겉면만 노릇해지도록 지지다가 1과 합하고, 토마토 페이스트를 넣고 살짝 눋게 볶아준다.

5. 4에 2와 끓이기 재료를 넣고 뚜껑을 살짝 걸친 채로 강불에 끓이고, 끓어오르면 약불로 줄인 다음 40분간 끓인다.

6. 데쳐서 껍질을 벗긴 완숙토마토를 5에 넣고 강불에 끓이고, 끓기 시작하면 약불로 줄여 20분간 끓인다.

7. 3을 넣고 약불에 15분 더 끓인 뒤, 상에 내기 전 마무리 재료를 넣고 한소끔 끓여 완성한다.

TIP 육수를 낼 때 손질하고 남은 자투리 채소를 넣어주면 보다 깊은 맛의 육수가 완성된다.

소갈비 전복 조림

Braised Beef Ribs & Abalone

INGREDIENT

전처리
찜용 소갈비 1200g

밑간: 양파즙 60g + 화이트 와인 40g + 매실 발효액 16g + 배즙 16g

초벌 삶기
물 600g + 국간장 15g

양념
시판 맛간장 130g + 꿀 30g + 양파즙 40g + 사과즙 40g + 파인애플즙 40g + 조청물엿 10g

졸이기
전복 5-6개 .... 손질 후 무게 140g

양념: 맛기름 10g + 시판 맛간장 15g + 화이트 와인 18g + 매실 발효액 8g + 국간장 4.5g

감자전분 .... 약간

볶기
맛기름 15g
중간 크기 양송이 10개
부드럽게 익힌 연근 180g

시판 맛간장 20g + 양파즙 15g + 참기름 10g + 후추 약간
씨 제거한 대추말이 6개

호두 6개
볶은 은행 30g
토막 낸 건무화과 6개

마무리
어린잎

RECIPE

1. 찜용 소갈비는 살코기 부분을 준비해서 물을 갈아가며 충분히 핏물을 뺀 다음 수분을 없애고, 칼끝으로 칼집을 깊숙이 3~4군데 낸 뒤 밑간 재료로 30분간 밑간한다.

2. 1에 초벌 삶기 재료를 넣고 뚜껑을 닫아 강불에 끓이고, 끓기 시작하면 약불로 70분 삶은 뒤 건지고, 양념 재료를 넣고 맛이 배도록 졸여준다.

3. 전복은 내장과 입을 제거하고 칼집을 내 준비하고, 졸이기 양념을 넣고 강불에 거의 물기가 없어질 때까지 졸이다 감자전분을 살짝 뿌려 재빨리 섞어주듯 볶은 후 2와 합친다.

4. 팬에 맛기름을 두르고 양송이를 노릇하게 볶다가, 마구 썬 연근을 넣고 살짝 볶는다.

5. 4에 맛간장, 양파즙, 참기름, 후추를 넣고 맛이 배어들도록 졸여주다, 대추말이, 호두, 은행, 건무화과를 넣고 섞듯이 볶는다.

6. 접시에 갈비, 전복, 5, 어린잎을 올려 완성한다.

TIP 밑간 후 초벌로 삶으면서 나온 갈비 육수는 차갑게 식힌 다음 거즈로 걸러서 맛내기 양념에 사용한다.

소갈비찜

INGREDIENT

핏물 빼기
소갈비 + 사태 3kg
물 1000g + 우유 500g

채소
감자 ······ 600g
당근 ······ 300g
굵은 대파(흰 부분) ······ 250g

양념
천연 설탕 375g + 미림 375g +
양파즙 113g + 간장 375g +
다진 마늘 113g + 다진 생강 13g +
참기름 113g

끓이기
물 ······ 1375g

마무리
마름모 지단, 볶은 은행, 대추, 잣 ······ 약간

RECIPE

1. 갈비와 사태는 고기가 잠길 정도의 물과 우유에 1시간 이상 담가둔 다음 깨끗이 씻어 체로 옮겨 핏물을 제거한다.

2. 감자와 당근은 큼직하게 토막 내서 모서리를 살짝 둥글게 다듬어주고, 흰 대파는 3cm 길이로 토막 낸다.

3. 지단은 도톰히 부친 다음 마름모 모양으로 썰고, 은행은 팬에 기름을 약간 둘러 볶다 소금을 약간 뿌린 다음 키친타월에 올려 비벼서 껍질을 분리해주고, 대추는 돌려깎은 다음 단단하게 힘을 주며 돌돌 만다.

4. 양념 재료를 모두 합하고 설탕이 녹을 때까지 골고루 저어준다.

5. 냄비에 1을 담고, 4와 물을 부어 강불에 한소끔 끓여내고, 위에 뜨는 기름과 거품을 걷어낸다.

6. 5에 채소를 넣고 뚜껑을 닫고 끓인다. 올라오는 기름과 거품은 계속 떠내고, 어느 정도 걸쭉해지면 뚜껑을 열고 국물을 끼얹어가면서 더 졸인다.

7. 거의 다 졸여지면 그릇에 담아 지단, 은행, 대추, 잣을 뿌려 낸다.

TIP 뼈가 있는 갈비를 우유에 담가두면 핏기가 더 잘 빠지고 육질도 부드러워진다.

소 안심구이와 신선한 파프리카 소스의 백김치 샐러드

Beef Tenderloin with Paprika-based White Kimchi Salad

INGREDIENT

전처리
소안심 600g

밑간
배즙 32g + 양파즙 20g + 꿀 20g

굽기
소금, 후추 .... 약간
감자전분, 식용유 .... 약간

졸이기
간장 15g + 미림 16g + 드라이 레드 와인 18g + 조청물엿 22g

파프리카 소스
빨강 파프리카 185g(손질 후 무게) + 홍고추 25g(손질 후 무게) + 꿀 40g + 레몬즙 52g + 소금 약간

샐러드
백김치 170g
양상추 1/2통
딸기, 오렌지 섹션, 어린잎

RECIPE

1. 소안심은 스테이크용으로 준비하고, 한입 크기로 도톰하게 토막 내어 저미고 30분간 배즙, 양파즙, 꿀에 밑간한다.

2. 밑간한 1에 소금, 후추, 감자전분을 뿌려준 다음, 세게 달군 팬에 식용유를 조금 두르고 겉면만 노릇해지게 지져서 꺼낸다.

3. 고기를 구웠던 팬에 졸이기 재료를 부어서 거품이 나도록 졸인 뒤, 구워놓은 고기를 팬에 다시 넣어 윤기 나게 졸여준다.

4. 파프리카 소스 재료를 모두 합쳐서 상에 내기 전에 블렌더에 곱게 갈아준다.

5. 접시에 파프리카 소스를 깔고, 한입 크기로 토막 낸 백김치와 양상추, 길게 두 토막 낸 딸기, 오렌지 섹션을 그 위에 올린 후 고기를 올리고, 그 위에 어린잎을 올려 마무리한다.

TIP 파프리카 소스 재료는 상에 내기 전에 갈아야 분리되지 않는다.

수육 깻잎쌈

Boiled Beef Shank in Perilla Leaf

INGREDIENT

불리기
황기 1뿌리 + 물 1700g

핏물 빼기
아롱사태 450g

삶기
채소즙 23g + 맛간장 8g +
참기름 8g + 대파 35g

절이기
깻잎 54g

맛간장 23g + 채소즙 23g

깻잎 양념
절인 깻잎국물 + 맛간장 12g +
고춧가루 9g + 통깨 6g +
다진 마늘 10g

채소
영양부추 100g
홍고추 10g
양파 60g

소스
채소즙 15g + 고춧가루 6g +
맑은 멸치액젓 9g + 맛간장 9g +
레몬즙 30g + 천연 설탕 9g +
사과식초 12g

RECIPE

1. 물에 황기를 넣어 하룻밤 불려둔다.

2. 아롱사태는 찬물에 담가 핏물을 뺀다.

3. 1을 한소끔 끓인 다음, 2와 삶기 재료를 넣고 고기의 겉면이 하얗게 익도록 중불에 5분 끓이고, 다시 약불로 줄여 80분간 삶는다.

4. 고기가 익으면 그대로 건져내어 랩으로 단단히 말아 한 김 식히고, 냉동실에 최소 1시간~1시간 30분간 둔 다음 얇게 슬라이스하거나, 두툼하면 반을 가른 다음 편썰기를 한다.

5. 깻잎은 씻어서 똑바로 세우고, 절이기 재료를 깻잎 사이사이에 흘려 넣어 절여준 다음 꾹 짜고, 짜낸 국물에 깻잎 양념을 섞어 켜켜이 발라준다.

6. 영양부추는 5~6cm 길이로 토막 내고, 홍고추는 길게 반을 갈라 씨를 빼서 얇게 어슷 모양으로 채썰고, 양파도 얇게 채썬다. 모두 합해 찬물에 담갔다가 건져 물기를 뺀 뒤 차갑게 냉장 보관한다.

7. 소스 재료를 모두 잘 섞은 후 냉장 보관한다.

8. 접시에 얇게 썬 편육과 깻잎절임, 채소를 올린 뒤, 소스를 뿌리거나 버무려 상에 낸다.

TIP 아롱사태는 근막(힘줄)이 여기저기 연결되어 마치 아롱아롱거리는 것 같다 해서 붙여진 이름으로, 기름기가 적고 담백해 오랜 시간 끓이는 찜 요리나 국물 요리에 사용하면 단맛과 구수한 맛을 낸다. 또 아롱사태 부위를 수육으로 삶으면 쫄깃한 식감이 나서, 곁들이 채소나 깻잎절임과 찰떡궁합이다.

오사카식 스키야키
Osaka-style Sukiyaki

INGREDIENT

다시마 육수
물 425g + 다시마 7g

맛국물 내기
다시마물 + 간장 100g + 천연 설탕 50g + 사과 100g

두부 지지기
두부 1인당 1-2쪽
맛기름 .... 약간
끓는 물

채소
우엉(1인) .... 한 줌
양파 250g
배추고갱이 2-3잎
대파 1대, 죽순, 쑥갓, 곤약

끓는 물 + 식초

단호박, 아스파라거스, 청경채

고기 지지기
채끝등심(소안심) 1인당 50g~100g
참기름
맛기름 5g

버섯류
생표고 2개
새송이버섯, 팽이버섯

끓이기
청주 8g + 후추 약간

사누키 우동면

준비
달걀 1개(1인분)

RECIPE

1. 다시마를 하루 동안 넣어둔 물을 강불에 끓이고, 끓어오르면 다시마를 건져낸다.

2. 1에 간장, 천연 설탕을 넣고 강불에 끓이고, 끓기 시작하면 불을 끈다. 씨를 없애고 껍질째 슬라이스한 사과를 넣어준 다음 다시 끓이고, 끓어오르면 뚜껑을 닫고 불을 끄고, 5분 후 걸러낸다.

3. 두부는 1인당 1-2쪽으로 준비해서 맛기름을 약간 넣고 겉면만 노릇하게 지진 뒤 끓는 물을 붓고, 체로 건져낸다.

4. 우엉은 껍질을 칼등으로 긁어낸 다음 필러로 얇게 썰고, 양파는 링 모양으로 슬라이스하고, 배추고갱이와 죽순, 대파는 어슷하게 저며 썰고, 단호박은 껍질째 얇게 슬라이스하고, 쑥갓, 청경채, 아스파라거스도 준비한다.

5. 곤약은 마티형으로 썰어 칼집을 낸 다음 끓는 물에 식초를 넣고 5분간 삶은 뒤 찬물에 헹궈 꽈배기 모양으로 접고, 생표고와 새송이는 슬라이스하고, 사누키 우동면은 끓는 물에 살짝 풀듯이 데쳐낸다.

6. 달군 팬에 맛기름과 참기름을 두른 다음 도톰하게 편썰기한 고기를 겉면만 익도록 지지다가 덜어내고, 다른 팬에 4의 양파만 넣고 살짝 볶은 다음 고기와 합한다.

7. 5를 구운 팬에 4에서 양파를 제외한 채소류 중 단단한 순서대로 넣어 볶아주고, 버섯류도 넣어 볶는다.

8. 6에 3, 4, 5를 합하고, 2를 세 국자쯤 자작하게 부어준 다음 국물을 끼얹어가며 졸여주다, 청주와 후추를 넣고 불을 끈다.

9. 완성 냄비에 7을 옮기고, 7의 팬에 남은 소스에다 데친 우동면을 넣어 졸이고, 이것을 완성 냄비에 합해서 낸다.

10. 8을 개인별 볼에 푼 달걀에 찍어 먹는다.

TIP 오사카(간사이 지방) 스타일의 스키야키는 국물이 거의 없는 반면, 도쿄(간토 지방) 스타일의 스키야키는 간장 베이스의 와리시타(간장, 설탕, 미림 등의 조미료로 간하여 끓여놓은 국물)를 미리 만들어 고기와 야채 등에 부어서 졸여 먹는다.

올리브 소스의 채끝등심 스테이크

Beef Sirloin Steak in Olive Sauce

INGREDIENT

볶기

양파	600g
올리브유	30g
우스터 소스	40g
토판염, 후추	약간

올리브 소스

베이스

블랙올리브 100g + 다진 마늘 18g + 레드와인 식초 30g + 디종 크림 머스터드 30g + 올리브유 90g + 포도씨유 70g + 마요네즈 50g + 꿀 3g + 토판염 2g + 후추 1g + 디종 씨겨자 30g + 이탈리안 파슬리촙 5g

전처리

채끝등심(두께 2.5~3cm) 250~300g

밑간: 굵은 토판염 + 굵은 통후추와 붉은 후추 으깬 것 + 올리브유

마무리

루콜라(1인당 한 줌씩)

RECIPE

1. 양파는 0.5cm 두께로 링썰기하고, 올리브유, 우스터 소스, 토판염과 후추를 넣고 노릇하게 볶아준다.

2. 올리브 소스 베이스를 커터기에 넣고 입자감 있게 간 다음, 씨겨자와 이탈리안 파슬리촙을 섞는다.

3. 소고기는 굽기 직전 재료로 밑간해서 재운 뒤, 세게 달군 팬에 굽고 꺼내어 호일에 싸서 3분간 휴지한다.

4. 뜨겁게 달군 철판에 구운 고기를 올린 다음 올리브 소스를 고기 위에 충분히 뿌려 주고, 한 켠에 1을 수북이 올리고 그 위에 루콜라를 올려 낸다.

포트 와인 소스의 폴페토네

Polpetone in Port Sauce

INGREDIENT

폴페토네 반죽

채소: 셀러리 50g + 양파 100g + 양송이 100g

반죽: 우유 30g + 대란 1개(54g) + 빵가루 45g

양념: 다진 마늘 8g + 바비큐 소스 15g + 토판염 3g + 후추 0.5g + 넛맥 파우더 0.5g + 간 소고기 300g

손질 후 데친 굵은 아스파라거스(반으로 토막 내기) 4개

포트 와인 소스

소고기육수: 비프스톡 3g + 물 150g

와인: 포트 와인 100g + 드라이 레드 와인 50g

양념: 데미그라스 소스 100g + 우스터 소스 10g + 소금 약간 + 후추 약간

올리브유 15g

곁들이

다양한 시트러스 샐러드(소금, 후추, 아보카도유, 석류, 실란트로)

RECIPE

1. 잘게 다진 셀러리와 양파, 양송이를 기름을 두르지 않고 달군 팬에 넣어 볶아준 다음 식히고, 폴페토네 반죽 재료는 합하여 불린 다음 채소 재료와 합한다.

2. 1에 폴페토네 양념 재료를 합해 끈기가 생기도록 치댄 다음 네 덩이로 나누고, 여기에 아스파라거스를 넣어 타원형으로 빚는다.

3. 달궈진 팬에 올리브유를 두르고, 2를 올려 굴려가며 겉면에 색이 나도록 구운 뒤, 밧드에 종이호일을 깔고 반죽을 올려 180도로 예열한 오븐에 12분간 굽고, 살짝 오븐 문을 열어 5분간 휴지한다.

4. 3을 구웠던 팬에 소고기육수를 넣고 반으로 줄어들 때까지 졸인 뒤, 와인 재료를 넣고 다시 절반으로 줄어들 때까지 졸인다.

5. 여기에 포트 와인 소스 양념 재료를 넣고 끓여주고, 끓어오르면 약불로 줄여 1분간 졸인다.

6. 접시에 3을 올리고, 5를 뿌린 뒤 곁들이와 함께 낸다.

TIP 폴페토네는 간 고기를 뭉쳐서 만든 이탈리아식 떡갈비를 말한다.

MAIN

PORK

사과향 가득한 돼지편육조림과 부추무침

Apple-Braised Pork Belly with Spicy Chives Salad

INGREDIENT

끓이기
오겹살 450~500g

조림 양념
마늘 3알 + 화이트 와인 15g + 맛간장 10g + 두툼하게 깎은 사과 껍질 1개분 + 참기름 8g + 채소즙 15g + 통후추 2g + 양파 80g

지지기
녹말가루 적당량
맛기름 10g

졸이기
간장 9g + 맛간장 8g + 고추기름 8g + 연겨자 3g + 물 15g + 간 사과 90g + 포트 와인 12g + 조청물엿 10g

채소
부추 100g
적양파 50g
홍고추 1/2개

무침양념
참기름 5g + 채소즙 3g + 고춧가루 4g + 통깨 5g + 천연 설탕 3g + 소금 2g

마무리
통깨

RECIPE

1. 오겹살은 뒤틀리지 않게 적당히 실로 묶어 고정한 뒤 냄비에 담는다.

2. 1에 조림 양념을 넣고 재료가 잠길 정도로 물을 부어 강불에 끓인다. 끓어오르기 시작하면 약불로 줄인 다음 30~35분간 국물이 거의 없어질 정도로 졸인 다음 고기를 건지고 실을 제거한다.

3. 2에 앞뒤로 가볍게 녹말가루를 뿌려 털어낸 뒤 팬에 맛기름을 두르고 노릇하게 지지고, 졸이기 재료를 넣고 굴려가며 졸인다.

4. 부추는 4cm 길이로 토막 내고, 적양파는 가늘게 채썰고, 홍고추는 씨를 제거해서 채썬 다음 골고루 섞어, 상에 내기 직전 무침 양념에 버무린다.

5. 접시에 고기를 썰어 올리고, 부추 무침을 곁들인 다음, 통깨를 뿌려 마무리한다.

   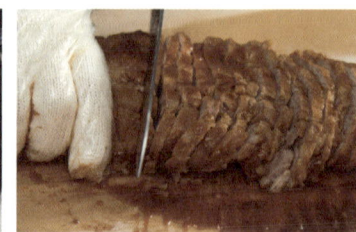

TIP 돼지고기는 사과, 부추와 궁합이 잘 맞는데, 돼지고기의 찬 성질을 사과, 부추의 따뜻한 성질이 중화시켜 함께 먹으면 소화도 잘되고 속도 편안하게 해준다.

오렌지 소스 폭립

Orange Pork Ribs

INGREDIENT

데치기
물 1500~1600g + 월계수잎 1g

등갈비 .... 600~650g
보드카 15g

마리네이드
간 양파 45g + 다진 마늘 5g + 오렌지 마멀레이드 60g + 맛간장 45g + 과일 케첩 23g + 포트 와인 15g + 토판염 2g + 후추 약간

오렌지 갈릭 소스
시판 오렌지 주스 100g + 백설탕 15g + 마늘 슬라이스 15g

곁들이
신선한 양배추 80g
래디시 2개
민트잎 .... 약간

마무리
구운 아몬드 슬라이스 .... 약간

RECIPE

1. 재료가 잠길 정도의 물에 월계수잎을 넣고 끓이고, 끓기 시작하면 보드카와 등갈비를 넣고 5분간 데치고, 등갈비를 물에 깨끗이 씻고, 물기를 제거한 다음 마리네이드 재료에 2시간 동안 재운다.

2. 오렌지 갈릭 소스 재료를 모두 합한 다음, 농도가 생기도록 졸인다.

3. 오븐용 밧드에 종이호일을 깔고 마리네이드한 등갈비를 올리고, 195도로 예열한 오븐에 10분간 굽고, 160도로 온도를 내려서 중간중간 뒤적여가며 15분간 굽는다.

4. 양배추와 래디시는 곱게 채썰고, 각각 찬물에 담갔다 꺼내어 냉장 보관한다.

5. 접시에 준비한 채소와 구운 등갈비를 올리고, 등갈비에 전체적으로 오렌지 갈릭 소스를 발라 윤기를 더하고, 구운 아몬드 슬라이스를 뿌려 낸다.

TIP 등갈비를 데칠 때 소주나 보드카를 넣으면 잡내가 없어진다.

일본식 돈가스

Japanese Pork Katsu

INGREDIENT

전처리
돼지등심 450g

밑간 재료: 채소즙 15g + 소금 1g + 생강가루 약간 + 후추 약간

성형
달걀물: 달걀 1개 + 우유 15g

습식 빵가루

돈가스 소스
베이스: 물 30g + 흰 물엿 15g + 과일 케첩 15g + 우스터 소스 30g + 돈가스 소스 60g + 옥수수전분 2.5g + 치킨스톡 2.5g

사과 주스 45g
당근 주스 45g

샐러드 소스
마요네즈 30g + 디종 씨겨자 10g + 우스터 소스 15g + 백설탕 5g + 사과 주스 45g + 레몬즙 10g

샐러드 채소류
양배추, 당근, 오이, 양상추, 비트 등

RECIPE

1. 돈가스용 돼지고기는 2개로 나누어 쿠킹용 해머로 적당히 두들긴 뒤 밑간 재료를 바르고, 달걀 1개를 푼 것에 우유를 섞어 만든 달걀물을 묻힌 다음, 습식 빵가루를 묻혀 10분간 냉장 휴지한다.

2. 1을 160도의 중온에 시작해 4분 동안 튀기고, 뒤집어 2분 동안 튀겨 준 뒤, 160도로 예열된 오븐에 넣어 5~8분 동안 기름을 뺀다.

3. 냄비에 돈가스 소스 베이스 재료를 합해 넣고 강불에 한소끔 끓여낸 다음 차갑게 식히고, 여기에 사과 주스와 당근 주스를 섞은 것을 넣어 덩어리를 풀듯이 섞어준다.

4. 샐러드 소스 재료는 모두 섞은 다음 냉장 휴지한다.

5. 샐러드 채소는 모두 곱게 채썬 다음 찬물에 담갔다 건지고, 냉장고에 차갑게 둔다.

TIP 일본식 돈가스에 쓰이는 굵은 습식 빵가루는 튀김의 식감을 최대로 살려준다.

태국식 달걀그물 돼지고기 새우볶음

Thai Style Pork & Shrimp Stir-fry in Egg Nets

INGREDIENT

밑간
달걀	2개
소금	0.5g
참기름	3g

소

다진 새우 50g +
다진 돼지고기 50g + 간장 5g +
다진 파 5g + 다진 마늘 5g + 천연
설탕(= 팜슈거) 3g +
다진 생강 0.5g + 후추 약간

소금	약간
참기름	약간

볶기
맛기름	5g
잘게 다진 양파	50g
잘게 다진 땅콩	15g

마무리
고수잎, 라임청, 링썰기한 홍고추, 부추	약간

RECIPE

1. 달걀은 소금과 참기름을 넣고 풀어서 30분간 둔 뒤 체에 내리고, 소스병에 담아 둔다.

2. 소 재료를 모두 합해 버무린 다음 소금과 참기름으로 밑간한다.

3. 달궈진 팬에 맛기름, 잘게 다진 양파를 순서대로 노릇하게 볶되 양파 향이 올라오면 2를 넣고 보슬보슬하게 볶아주고, 잘게 다진 땅콩을 섞은 다음 3등분으로 나누어둔다.

4. 코팅팬을 기름으로 가볍게 닦아낸 다음, 약불에 그물 모양의 지단을 3장 부친다.

5. 그물 지단에 고수잎을 먼저 올린 다음 3을 올려서 춘권 모양으로 말아 완성 접시에 담고, 라임청, 링썰기한 홍고추, 부추를 뿌려 상에 낸다.

팟 프리 우완 무(태국식 탕수육)

Pad Preaw Wan Moo

INGREDIENT

녹말
된녹말 70g: 감자전분 70g + 재료가 잠길 정도의 물
녹말물: 감자전분 10g + 물 20g

전처리
돼지등심(100g x 세 덩이) ······· 300g

밑간 재료: 다진 마늘 3g + 달걀 푼 것 10g + 소금 0.5g + 참기름 3g + 후추 약간

과일
오렌지 ······························· 1개
파인애플 링 ······················· 2개
체리토마토 ························· 4개

채소
적양파 ······························· 25g
취청오이 ···························· 25g

프리 우완소스
백설탕 30g + 굴소스 15g + 케첩 45g + 피시 소스 7.5g + 참기름 7.5g + 고추기름 15g + 사과식초 15g + 신선한 레몬즙 30g + 소금 0.5g

RECIPE

1. 감자전분에 재료가 잠길 정도의 충분한 물을 부어 최소 2시간 이상 불린 뒤, 물은 따라내 된녹말을 만든다.

2. 세 덩이로 나눈 돼지고기는 두께 0.5cm 정도로 납작해지도록 방망이로 두들겨주고, 밑간 재료를 발라 주무른 다음 10분간 둔다.

3. 오렌지는 섹션 뜨기(윗동과 밑동을 자른 다음 칼집을 살짝 넣어 두꺼운 껍질을 제거하고, 속껍질 겉에 묻어 있는 흰 부분을 제거하여 과육만 꺼내는 방법)를 하고, 파인애플 링은 4토막으로 자른다.

4. 적양파는 굵게 채썰고, 취청오이는 길게 반을 가른 다음 어슷하게 썬다.

5. 팬에 프리 우완 소스 재료를 넣어 한소끔 끓여내고, 끓기 시작하면 녹말물을 넣어 농도 나게 한 다음, 4를 넣고 한 김 내듯 끓이고, 3을 마저 넣고 섞은 다음 불을 끈다.

6. 밑간한 돼지고기에 1을 주무르듯 묻혀서 160도(중온)의 기름에 서서히 노릇하게 두 번 튀긴다.

7. 상에 내기 직전에 한 번 더 튀겨 접시에 담고, 5를 부어 낸다.

TIP 탕수육을 바삭하게 튀기고 싶다면, 감자전분에 물을 부어 충분히 불려 된녹말을 사용하는 것이 좋다. 태국어로 프리는 새콤, 우완은 달콤, 무는 돼지고기를 뜻하는데, 우리에게 친숙한 탕수육과 비슷한 태국 스타일의 요리이다.

회오리 함박 스테이크

Burger Steak in Tornado Egg

INGREDIENT

볼 패티

다진 소고기 150g + 다진 돼지목살 50g + 볶은 다진 양파 50g + 빵가루 20g + 과일 케첩 20g + 왕란 노른자 1개 + 옐로 머스터드 6g + 우스터 소스 6g + 송송 썬 쪽파 2뿌리 + 파르마지아노 치즈 5g

지지기

식용유
달걀 3개
소금 .... 약간

스테이크 소스

드라이 레드 와인 200g

돈가스 소스 200g + 버터 15g + 천연 설탕 6g

마무리

사워크림 10g + 생크림 10g

RECIPE

1. 볼 패티 재료를 모두 섞어 만든 반죽을 끈기 나게 치댄 다음, 두 덩이로 나누어 동글게 성형하고, 30분간 냉장 휴지한다.

2. 달걀에 소금을 약간 넣고 풀어 30분간 둔 다음 체에 걸러 숙성시킨다.

3. 팬에 드라이 레드 와인을 넣고 절반쯤 졸인 다음, 돈가스 소스, 버터, 천연 설탕을 넣고 한소끔 끓여낸다.

4. 세게 달군 팬에 기름을 약간 두르고 냉장 휴지한 패티를 올려 앞뒤로 색깔이 나도록 구운 다음, 180도로 예열한 오븐에 15분간 굽고 5분 휴지한다.

5. 팬에 기름을 두르고, 체에 내려 숙성시킨 달걀을 넣고 회오리를 만들면서 반숙으로 익힌 다음, 구운 패티 위에 올려준다.

6. 접시 가운데에 소스를 깔고, 회오리 패티를 올리고, 마무리 재료를 섞은 크림 소스를 군데군데 올려서 낸다.

TIP 회오리 오믈렛을 만들 때는 프라이팬 예열이 중요하다. 코팅팬은 중불에 2분 이상, 스텐팬은 중불에 4분 이상 달군 다음 약불로 낮춰서 기름을 두르고 달걀물을 부어주면 실패 확률이 적다.

MAIN

CHICKEN

닭섭산적

Korean Style Chicken Skewers

INGREDIENT

전처리
다진 닭고기 250g
우유

밑간 재료: 간 양파 10g + 청주 15g + 천연 설탕 9g + 간장 9g + 토판염 1g + 다진 생강 2g + 다진 흰 파 15g + 다진 마늘 10g + 감자전분 2g + 빻은 깨 7g + 참기름 13g + 후추 약간

지지기
맛기름 15g

졸이기
매실청 6g + 맛간장 8g

고명
잣가루, 통깨, 대추채, 청양고추채 .... 약간

RECIPE

1. 닭고기는 다양한 부위를 골라서 우유에 재워두었다가 물로 씻어낸 뒤 물기를 제거하고, 커터기에 간 다음 밑간 재료를 넣고 치대고, 20분간 숙성시킨다.

2. 팬에 맛기름을 두른 다음 1을 넓적하게 펼치듯 모양을 잡아서 노릇하게 지져내고, 매실청과 맛간장을 넣고 빠르게 살짝 졸여낸다.

3. 접시에 지져낸 섭산적을 올리고, 준비한 고명을 뿌려서 낸다.

TIP 섭산적은 잘게 다진 고기에 갖은 양념을 해서 구운 산적 요리로, 고기를 꿰어 만드는 육산적이나 장에 조린 장산적보다 부드러운 맛이 일품이다.

바삭한 치킨 탕수

Crispy Sweet and Sour Chicken

INGREDIENT

반죽물
강력분 24g + 옥수수전분 24g + 감자전분 50g + 물 90g + 식용유 45g

전처리
닭가슴살 300g
우유

밑간 재료: 토판염 약간 + 후추 약간

탕수 소스
채소 재료: 맛기름 15g + 흰 파 20g + 양파 30g + 불린 목이 30g
양념 재료: 간장 30g + 사과식초 75g + 케첩 30g + 천연 설탕 88g + 레몬 조각 14g + 물 200g
녹말물: 물 24g + 감자전분 12g

RECIPE

1. 반죽물 재료를 완전히 섞은 다음 냉장고에 1일간 숙성시킨다.

2. 닭가슴살은 우유에 재웠다가 물로 헹군 다음 물기를 제거하고, 넓게 편을 떠 썰어 밑간 재료로 재운 다음, 냉장 숙성시킨 반죽물에 담갔다가 바삭하게 두 번 튀겨낸다.

3. 세게 달군 웍에 맛기름을 두르고 채소 재료를 넣고 가볍게 볶다가, 양념 재료를 넣어 저어가며 한소끔 끓여내고, 녹말물로 농도를 낸다.

4. 접시에 튀긴 닭고기를 올리고 3을 뿌려서 낸다.

TIP 반죽물에 다양한 전분과 식용유를 섞으면 너무 딱딱하지 않고 바삭한 식감을 오래 즐길 수 있다.

안동찜닭

Andong Braised Chicken

INGREDIENT

전처리
- 닭 1.3kg
- 닭가슴살 500g
- 우유

데치기
- 물 + 수삼 잔뿌리 약간

밑간
- 간장 15g + 화이트 와인 23g

채소
- 감자 500g
- 중간 크기 양파 3개
- 당근 1개
- 깻잎 12장
- 대파 1대

끓이기
- 넓적당면 150g

- 육수 재료: 비프스톡 4g + 물 500g
- 양념 재료: 간장 110g + 미림 50g + 조청물엿 60g + 천연 설탕 58g + 굵게 다진 마늘 45g + 곱게 다진 생강 16g + 참기름 15g + 건청양고추 7개

마무리
- 통깨

RECIPE

1. 닭은 지방 등을 제거하고, 닭가슴살과 함께 한입 크기로 토막 낸 다음 우유에 버무려 최소 3시간~1일 동안 냉장 보관한다.

2. 1을 물에 씻어 체에 받친 다음, 수삼 잔뿌리를 넣은 물에 5분간 데친 후 체에 물기를 빼고, 냄비로 옮겨 밑간 재료를 넣고 소스가 없어질 때까지 완전히 졸인다.

3. 채소류 중 감자는 모서리를 둥글게 굴린 다음 끓는 소금물에 겉만 익혀내고 자투리는 보관해둔다. 양파는 뿌리째 4등분하고, 당근은 감자 크기와 비슷하게 마구 썬 다음 모서리를 둥글게 굴린 다음 자투리는 보관해둔다. 깻잎은 큼직하게 토막 내고, 대파는 큼직하게 어슷썬다.

4. 당면은 육수를 만드는 동안 물에 30분간 불리되, 1시간을 넘기지 않는다.

5. 냄비에 3에서 손질하고 남은 감자 자투리와 당근 자투리, 육수 재료를 넣은 후 뚜껑을 닫고 약불에 20분간 끓이고 체에 거른다. 육수 양이 500g이 되도록 물을 부어 맞춘다. 완성된 육수는 양념 재료와 미리 합해둔다.

6. 2에 5를 넣고, 3에서 손질한 감자, 양파, 당근을 넣은 다음 뚜껑을 덮어 강불에 끓이고, 끓어오르면 중약불로 줄인 다음 한 번씩 뒤적여가며 25분간 졸인다.

7. 6에 불린 당면과 3에서 손질한 깻잎과 대파를 넣고 중약불에 5분간 더 졸인 뒤, 강불에 전체적으로 가볍게 뒤적인 다음 그릇에 담고, 통깨를 뿌려 마무리한다.

TIP 찜닭은 경상북도 안동에서 유래한 음식으로, 삶은 닭에 여러 가지 채소와 당면을 넣고 간장 베이스 양념으로 졸여낸 요리다.
닭고기는 지방이 껍질에 집중되어 있는데, 껍질을 어느 정도 제거하고 조리하면 칼로리를 줄이면서 고단백을 섭취할 수 있어 근육 강화에 도움을 준다.

치즈불닭

Spicy Cheesy Buldak

INGREDIENT

양념
건청양고추 8-10개
(꼭지 떼고 물에 1일 불린 것) +
고춧가루 40g + 맛간장 45g +
미림 30g + 채소즙 30g +
흰 물엿 36g + 천연 설탕 10g +
시판 바비큐 소스 15g + 참기름 15g +
토판염 5g + 후추 2g

전처리
장각살(혹은 북채살) 500g
우유

밑간재료: 시판 맛간장 30g + 생강술 16g + 다진 마늘 15g + 들기름 15g

굽기
마늘 100g
양파 100g
새송이(혹은 고구마나 단호박) 100g
적당히 토막 낸 떡볶이떡(혹은 가래떡) 300g
슈레드 피자치즈 .... 150g 이상

마무리
송송 썬 쪽파, 깻잎 .... 적당량

RECIPE

1. 장각살은 껍질과 지방을 제거한 후 도톰한 살 쪽에 칼집을 넣어 평평히 해주고, 3~4토막을 내서 버무려질 정도의 우유에 재웠다 물로 씻어주고, 마른 거즈로 물기를 제거한다.

2. 양념 재료는 모두 블렌더에 담아 갈고, 최소 2시간~1일간 숙성시킨다.

3. 물기를 없앤 1을 밑간 재료에 2시간 동안 재워둔다.

4. 준비한 밧드에 석쇠를 올리고 종이호일을 깔고, 3을 펼치고 마늘을 골고루 뿌린 다음 210도로 예열한 오븐에 10분간 초벌구이를 한다.

5. 4에 사방 3cm로 썬 양파, 새송이, 적당히 토막 낸 떡볶이떡과 2를 넣고 골고루 버무려 오븐 온도 210도에서 10분간 더 구워준 다음, 피자치즈를 골고루 뿌려 오븐 온도 210도에서 치즈가 녹을 정도로만 더 굽는다.

6. 5 위에 송송 썬 쪽파와 깻잎을 적당히 뿌려 마무리한다.

TIP 닭다리는 살이 많고 지방 함량이 적당해서 소고기와 비슷한 풍미를 내는 부위로, 구이나 튀김 요리에 알맞다.
매운 닭갈비에 치즈를 넣으면 닭고기의 매운맛을 치즈가 중화시켜 보다 맛있게 즐길 수 있다.

태국식 치킨 샐러드쌈

Thai Chicken Salad Wrap

INGREDIENT

밑간
닭안심 300g

커리 파우더(혹은 시판 강황카레) 5g
+ 파프리카 파우더 2g + 청주 15g
+ 레몬즙 15g + 토판염 1g + 후추 약간

지지기
맛기름(혹은 마늘기름)

채소
당근 80g
맛기름 5g
취청오이(혹은 가시오이) 1개 170-180g

사과식초 15g + 백설탕 6g + 토판염 2g

숙주 300g
맛기름 5g
토판염 .... 약간

소스
땅콩버터 100g + 천연 설탕 40g +
미림 30g + 물 30g + 라임즙 30g +
피시 소스 6g + 다진 마늘 5g +
칠리 플레이크 0.5g

마무리
로메인, 코리앤더 .... 약간

RECIPE

1. 닭안심은 하루 정도 우유에 재운 뒤 헹궈서 체에 담아 물기를 빼고 키친타월로 남은 물기를 제거하고, 길게 반을 갈라 밑간 재료에 20분간 밑간 후 맛기름으로 노릇노릇하게 지진다.

2. 당근은 어슷하게 채썬 뒤 물에 씻고, 물기를 없앤 후 달군 팬에 맛기름을 두르고 볶다가 소금으로 간한다. 오이는 길게 반 갈라 씨를 없앤 후 반달 모양으로 썰어 사과식초, 백설탕, 토판염으로 절여두고 상에 내기 전에 키친타월에 말아 짠다. 숙주는 거두절미하고, 달군 팬에 맛기름을 둘러 살짝 볶고 소금으로 간한다.

3. 블렌더에 소스 재료를 모두 넣고 간 다음 차갑게 냉장 보관한다.

4. 접시에 1~3과 로메인, 코리앤더를 올려 마무리한다.

갑오징어 보쌈

Cuttlefish Wraps

INGREDIENT

데치기
갑오징어 4마리

재료가 잠길 정도의 물 +
셀러리잎(줄기) + 화이트 와인

얼음물

튀기기
식용유, 시판 찹쌀 만두피

채소류
당근, 취청오이, 양상추, 로메인
래디시

소스
참기름 30g + 두반장 30g

청주	30g
케첩	90g
시판 맛간장	60g
깍둑썰기한 양파	52g
송송 썬 흰 파	36g
통깨	14g

마무리
굵게 부순 땅콩

RECIPE

1. 갑오징어는 껍질을 벗겨 칼집을 내고 물에 헹군 뒤 물기를 빼고, 재료가 잠길 정도의 물에 셀러리잎 혹은 줄기, 화이트 와인을 넣고 데친 다음, 얼음물에 헹궈서 체에 물기를 빼고, 냉장고에 차갑게 보관해둔다.

2. 시판 만두피는 밀대로 얇게 더 밀어서 채썬 다음 식용유에 노릇하게 튀긴다.

3. 당근과 취청오이는 4cm 길이로 토막 내서 돌려깎은 뒤 곱게 채썰어 얼음물에 담갔다 건진다. 양상추와 로메인은 한입 쌈 크기로 손질하고, 얼음물에 담갔다 건져서 물기를 제거한다. 래디시는 얇게 슬라이스하고, 역시 얼음물에 담갔다 건져서 물기를 없앤다.

4. 약불에 참기름과 두반장을 충분히 볶다 청주를 넣고 알코올을 날리듯 볶고, 케첩과 시판 맛간장을 넣어 한소끔 끓여낸 뒤 그대로 식히고, 여기에 잘게 깍둑썰기한 양파와 잘게 송송 썬 흰 파, 통깨를 섞어준다.

5. 접시에 1~4와 땅콩을 보기 좋게 올리거나, 쌈과 소스만 따로 낸다.

TIP 갑오징어는 산란기인 4~6월에 맛이 제일 좋다. 오징어의 타우린은 간세포의 재생을 도와 피로를 회복시키고, 콜레스테롤을 낮춰주는 효과가 있다.
갑오징어는 산성이 강한 식품이어서 반드시 알칼리성 식품인 채소와 함께 섭취해야 단백질이 쉽게 소화된다. 갑오징어를 비타민이 풍부한 생채소 쌈과 함께 먹으면, 갑오징어와 채소의 영양소가 극대화되어 체내에 잘 흡수된다.

굴생채

Fresh Oyster Kimchi

INGREDIENT

쌈 절이기
알배추	240g
봄동, 얇게 썬 배	적당량
굵은 소금	12g

밑간
봉지굴	450g
레몬즙	15g

멥쌀풀

물 110g + 시판용 멥쌀가루 10g

부재료
무	130g
오이고추	20g
배	30g
쪽파	20g
미나리	20g
밤	3알
대추	10알

양념

통깨 7g + 잣 13g + 다진 생강 3g + 다진 마늘 30g + 천연 설탕 12g + 멸치액젓 15g

버무리기
고춧가루	40g
소금, 통깨	약간

RECIPE

1. 알배추는 굵은 소금으로 절인 뒤 가볍게 씻어내 물기를 짠 다음 한입 크기로 토막 낸다. 봄동과 배도 배추 크기에 맞춰 썰고, 절인 배추 사이사이에 봄동과 배를 끼워 넣는다.

2. 봉지굴은 체에 담아 가볍게 씻어내고 레몬즙에 버무린다.

3. 물과 멥쌀가루를 섞어 멥쌀풀을 쑨 다음 식혀준다.

4. 무, 오이고추, 배는 길이 3cm, 성냥개비 두께로 채썬다. 쪽파와 미나리도 3cm 길이로 자르고, 밤은 반 토막 낸 다음 얇게 썬다. 대추는 돌려깎은 다음 채썬다.

5. 양념 재료를 모두 섞는다.

6. 굴에 고춧가루를 넣고 버무린다.

7. 5의 양념에 4의 무채를 먼저 넣고, 이어 쪽파, 고추, 미나리채와 소금을 넣고 버무리고, 밤과 대추를 넣고 마저 버무린다.

8. 고춧가루에 무친 굴과 소금, 통깨를 넣고 버무리다 배 썬 것을 넣고 슬렁슬렁 섞어준다.

9. 접시에 1을 함께 올려 마무리한다.

TIP 굴은 바다의 우유, 바다의 소고기라는 별명이 붙을 정도로 단백질, 아연, 타우린, 칼슘, 칼륨, 비타민 E 등 무기질과 비타민이 풍부한 최고의 식재료다. 추운 겨울철을 건강히 이겨낼 수 있게 해주는 굴은 고단백 저지방 식품으로 열량도 낮아서 체중 조절과 피부 미용에도 탁월하다. 싱싱한 굴은 살이 탄력 있고 유백색을 띠며 검은 테두리가 뚜렷한 것이 특징이며, 비린내가 나지 않고 신선하고 향긋한 내가 난다.

깐쇼 새우

Sweet and Spicy King Prawns

INGREDIENT

전처리
중하새우 400g

밑간: 청주 15g + 옥수수전분 45g +
달걀 흰자 1개 + 소금 약간 +
후추 약간

볶기
맛기름 15g
큰 청피망 3개
굴소스 2g
청주 15g
소금, 후추 .... 약간

튀기기
식용유

볶기
맛기름 45g
두반장 15g
케첩 60g
다진 마늘 15g
다진 생강 3g
건청양고추 2개

녹말물

물 135g + 감자전분 3.5g +
천연 설탕 10g + 토판염 2g +
청주 15g + 후추 약간

끓이기

녹말물: 물 135g + 감자전분 3.5g +
천연 설탕 10g + 토판염 2g +
청주 15g + 후추 약간

실파(혹은 쪽파) 송송 썬 것 1/2컵

마무리
중간 크기 토마토 2개

RECIPE

1. 중하새우는 껍질을 까서 손질하고 밑간해둔다.

2. 청피망은 채를 썬 뒤 맛기름과 굴소스, 청주, 소금과 후추를 넣어 볶는다.

3. 밑간해둔 새우는 식용유 온도를 150도에서 시작해 180도로 서서히 올려가며 튀긴다.

4. 소스는 맛기름에 두반장과 케첩을 순서대로 볶고, 여기에 다진 마늘과 다진 생강, 송송 썬 건청양고추를 넣고 향이 올라오도록 볶는다.

5. 녹말물 재료를 합해둔다.

6. 4를 불에서 내려서 5를 넣어 저어준다. 팬을 다시 불에 올려서 저어가며 끓이고, 끓기 시작하면 튀긴 새우와 실파를 넣고 빠르게 섞어준다.

7. 접시 가장자리에 2와 웨지 모양으로 8조각 낸 토마토를 올리고, 그 가운데에 6을 올려 낸다.

TIP '가을 새우는 굽은 허리도 펴게 한다'라는 말이 있을 정도로 새우는 탁월한 천연 강장제다. 고단백 저지방 식품인 새우에는 칼슘, 단백질의 일종인 타우린이 풍부해 골다공증과 피로 회복, 면역력 향상에 도움을 준다.

대하구이와 채소 볶음

Grilled King Prawns and Vegetable Stir Fry

INGREDIENT

반죽물
강력분 24g + 옥수수전분 24g +
감자전분 50g + 물 90g + 식용유 45g

전처리
대하 3마리 ······ 새우살 무게 120g

밑간
양파즙 6g + 참기름 3g + 소금(약간)
+ 후추(약간)

리덕션

양념
맛간장 9g + 고춧가루 1.5g +
맛기름 15g + 맛간장 10g +
발사믹 식초 10g

채소류 볶기
맛기름	15g
큰 생표고	1개
중간 크기 시메마루 버섯	2개
중간 크기 꼬마양배추	1개
삶은 마늘	3개
삶은 밤	1개
소금, 후추	약간

마무리
잣, 대추채	약간

RECIPE

1. 새우는 껍질을 벗기고 등을 벌려 내장을 제거하고, 밑간 재료로 20분간 밑간한다.

2. 합쳐둔 양념 재료에 맛간장과 발사믹 식초를 넣어 거품 나게 졸여 리덕션을 만든다.

3. 약간의 기름을 두른 팬에 1을 지지거나, 그릴에 구워준다.

4. 새우가 거의 익으면 2를 발라가면서 팬에 지지거나, 그릴에 구워준다.

5. 달궈진 팬에 맛기름을 두르고 기둥을 살려 반 토막 낸 생표고, 시메마루 버섯, 반 토막 낸 꼬마양배추, 삶은 마늘, 반 토막 낸 삶은 밤을 노릇하게 볶아주고, 이어 링슬라이스한 적양파를 넣어 살짝 볶아주고, 소금과 후추로 간한다.

6. 접시에 4와 5를 올리고, 남은 리덕션과 잣, 대추채를 올려서 낸다.

도미찜 냉채

Steamed Sea Bream with Seafood Salad

INGREDIENT

전처리
도미	1마리
채썬 대파	
생강술	30g
청주	100g

굽기
도미 뼈, 맛기름

냉채 재료
무채: 무 250g, 고운 소금 4g
지단: 달걀 2개, 소금 약간, 참기름 약간
오이: 취청오이 200g, 소금 2g

볶기
생표고	70g
홍피망	30g
맛기름	5g
소금, 후추	약간

데치기
중하새우	5마리

재료가 잠길 정도의 물 + 셀러리 + 화이트 와인

냉채 소스
미림	45g
소금	2.5g
백설탕	23g
사과식초	90g

RECIPE

1. 도미는 3장 뜨기 방법(배쪽에 칼을 넣어 윗살, 아랫살, 가운데 뼈로 뜨는 방법)으로 필레를 뜨고, 접시에 대파채를 깔아 올리고 생강술을 뿌린 뒤 그 위에 도미를 올리고, 끓는 물에 청주를 넣고 찜통에 도미를 20분간 찐 다음, 그대로 냉장고에서 차갑게 식혀서 살을 발라낸다.

2. 필레를 뜨고 난 도미 뼈에 맛기름을 골고루 바르고, 180도로 예열한 오븐에 20분간 굽는다.

3. 달걀에 소금과 참기름을 약간씩 넣고 풀어 30분간 둔 다음 체에 거른 뒤 팬을 닦아가며 지단을 부쳐주고, 식힌 다음 곱게 채썬다.

4. 취청오이는 얇게 링슬라이스하고, 소금을 넣고 버무린 뒤 거즈에 돌돌 말아 짜준다.

5. 생표고는 얇게 포를 뜨듯 썬 뒤 잘게 채썰고, 홍피망도 잘게 채썬다. 달궈진 팬에 맛기름을 두른 다음 표고를 먼저 넣어 숨이 죽도록 볶고, 이어 홍피망 채를 넣고 가볍게 볶고, 소금과 후추로 간한다.

6. 미림은 팬에 데워 알코올을 날려주고(알코올 누끼), 여기에 소금과 백설탕을 넣어 녹이고, 사과식초를 섞은 다음 그대로 식혀 냉채 소스를 만든다.

7. 중하새우는 셀러리와 화이트 와인 넣은 물에 데쳐서 껍질을 벗기고, 랩을 씌워서 그대로 식힌 다음 반으로 저미고, 6을 약간 넣어 버무려둔다.

8. 새우를 제외한 냉채 재료를 모두 합해 골고루 섞은 다음, 식혀놓은 도미살을 조심스럽게 올려주고, 간을 봐가며 7을 넣어 버무린다.

9. 접시에 2를 올리고, 그 위에 8을 보기 좋게 올려 낸다.

TIP 봄철에 가장 맛있는 도미는 육질이 단단하고 살이 많으면서도 기름기가 적은 고단백 저지방 식품이다. 도미는 회로 즐겨도 좋지만, 냉채 요리로 만들어 먹으면 그 풍미를 더욱 잘 느낄 수 있다.

랍스터 테르미도르

Lobster Thermidor

INGREDIENT

끓이기

활랍스터	450~500g

육수: 물 2000g +
굵게 채썬 당근 75g +
셀러리 50g +
월계수잎 2장 0.5g + 통후추 2g +
껍질째 양파 130g

화이트 와인	200g
코냑	15g
생크림	100g
디종 크림 머스터드	5g

볶기

올리브유	15g
타임, 소금, 후추	약간
가지	65g
굵은 소금	2g
노랑 파프리카	15g
빨강 파프리카	15g
청피망	15g
적양파	15g
블랙올리브	5개
작은 체리토마토	45g

굽기

슈레드 모차렐라 치즈, 파르마지아노 레지아노 치즈	약간

마무리

굵게 다진 이탈리안 파슬리, 후추	약간

RECIPE

1. 랍스터는 머리와 집게발을 분리하고, 꼬리 쪽에서부터 꼬치를 끼운 뒤 분리한다.

2. 육수 재료를 강불에 끓이고, 끓어오르면 약불로 줄여 10분간 끓인다.

3. 여기에 화이트 와인 100g을 넣어 끓이고, 끓기 시작하면 랍스터를 넣고 꼬리와 머리, 집게발을 3분간 데친 다음 얼음물에 담가 식힌 뒤 살과 내장을 분리하고, 꼬리와 머리 껍질을 제외한 자투리를 다시 넣어 강불에 끓이고, 끓어오르면 약불로 줄여 1시간 동안 끓인 뒤 걸러낸다.

4. 육수에 남은 화이트 와인 100g을 더 넣고 물의 양이 절반이 되도록 강불에 졸여준 뒤, 코냑과 생크림을 넣고 중약불로 줄여 얼마간 농도가 생길 때까지 졸이고, 디종 크림 머스터드, 랍스터 자투리와 내장을 넣고 강불에 한소끔 끓여낸다.

5. 가지는 사방 1cm 크기로 잘라 굵은 소금에 버무려 30분간 절인 뒤 가볍게 물로 헹궈서 꼭 짜고, 달궈진 팬에 올리브유와 타임, 소금, 후추를 약간씩 넣어 노릇하게 지지고, 여기에 노랑 파프리카, 빨강 파프리카, 청피망, 적양파, 블랙올리브, 작은 체리토마토를 넣고 가볍게 볶다가 타임, 소금, 후추로 간한다.

6. 랍스터 집게살과 꼬리살은 적당히 토막 내 4를 약간 넣어 버무려주고, 발라낸 랍스터 머리와 꼬리 껍질에 슈레드 모차렐라 치즈와 파르마지아노 레지아노 치즈 약간을 올려 200도로 예열한 오븐에 5분간 굽는다.

7. 완성 접시에 소스와 라타투이를 적당량 올리고, 그 위에 랍스터를 안정감 있게 올려준 뒤 굵게 다진 이탈리안 파슬리와 후추를 뿌려서 낸다.

TIP 테르미도르란, 삶은 랍스터 살에 계란노른자, 코냑을 섞어 부드럽게 한 것을 다시 랍스터 껍질에 채워서 구운 요리를 말한다.

매콤한 유자청 소스의 해물냉채

Seafood Salad with Tangy Yuzu Dressing

INGREDIENT

데치기
물 + 셀러리잎 약간 + 화이트 와인 약간

관자	1개
중하새우	5마리
문어 다리	

손질하기
거두절미한 숙주 100g

유자청 소스
청양고추 1/3개	2g
홍고추 1/3개	4g
양파	20g

꿀유자청 15g + 레몬즙 18g + 잘게 다진 사과 15g + 셀러리 6g + 고추씨 기름 2g

마무리
어린잎

RECIPE

1. 중하새우는 꼬리를 남겨둔 채 껍질을 벗겨 준비하고, 관자는 3~4쪽으로 슬라이스한다.

2. 재료가 잠길 정도의 물에 셀러리, 화이트 와인을 넣고 끓인 뒤, 끓어오르면 관자, 새우, 문어 순서대로 데친다. 문어는 얇게 어슷썰어 차갑게 식힌다.

3. 거두절미한 숙주는 소금물에 데친 뒤 얼음물에 담가둔다.

4. 청양고추, 홍고추는 씨를 제거한 뒤 잘게 다지고, 양파도 잘게 다진다. 다진 고추와 양파를 거즈에 함께 올려 소금을 넣고 모아 쥔 뒤 흐르는 물에 헹궈 꽉 짠다.

5. 꿀유자청, 레몬즙, 잘게 다진 사과, 셀러리, 고추씨 기름을 4와 합해 유자청 소스를 만들고, 냉장 보관한다.

6. 얼음물에 담가둔 숙주를 체로 건져내 접시에 올리고, 그 위에 유자청 소스를 뿌리고, 관자, 새우, 문어를 올린 다음 어린잎을 올려 마무리한다.

 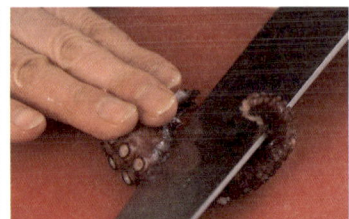  

TIP 해산물에는 타우린과 철분이 풍부한데, 비타민 C가 풍부한 유자와 만나면 체내흡수율이 높아지고 연화 작용(질기거나 단단한 것이 특정 화합물에 의해 부드러워지는 것)으로 인해 해산물 특유의 맛이 상승하는 효과가 있다.

문어 세비체와 퀴노아 샐러드

Octopus Ceviche with Quinoa Salad

INGREDIENT

마리네이드
손질한 문어 1마리

화이트 와인 식초 30g +
올리브유 60g + 다진 마늘 5g +
라임 제스트 약간 + 라임즙 약간 +
소금 약간

셀러리 피클
셀러리	30g

레몬즙 + 소금 약간 + 설탕 약간

레몬 퓌레
레몬필	45g
물	200g
슈거 파우더	72g
상온 버터	20g

퀴노아 라이스
퀴노아	50g
물	300g
올리브유	10g
소금	1g
트러플 오일	5g
취청오이	25g
토마토 콩카세(체리토마토 4개)	

마무리
어린잎(혹은 루콜라 줄기)

RECIPE

1. 문어는 한입 크기로 토막 내고, 제시된 마리네이드 재료에 버무려 재워둔다.

2. 셀러리는 섬유질을 제거하고 필러로 길고 얇게 잘라낸 뒤 얼음물에 담가둔다. 상에 내기 직전에 얼음물에서 꺼내 레몬즙, 소금, 설탕으로 만든 셀러리 양념에 밑간한다.

3. 레몬 껍질의 흰 막을 제거한 뒤 끓는 물에 데치고 헹구기를 3회 반복한 레몬필에 물, 슈거 파우더를 넣고 강불로 끓인다. 끓어오르면 약불로 줄인 뒤 걸쭉해질 때까지 졸이다 버터를 넣고, 블렌더에 곱게 간 다음 식혀서 냉장 보관한다.

4. 끓는 물에 퀴노아를 넣고 저어주다가 뚜껑을 닫고 중불에 10분, 약불에 10분 끓인 뒤 불을 끄고 5분간 뜸을 들인다. 여기에 올리브유와 소금을 넣고 버무려 식힌 다음 트러플 오일을 넣고 버무린다. 씨를 빼고 잘게 깍둑썰기한 취청오이와 토마토 콩카세를 섞어준다.

5. 접시 위에 틀을 올리고, 틀 가운데에 퀴노아 라이스를 깔고, 틀 가장자리에 레몬 퓌레, 셀러리 피클과 문어를 올린다. 사이사이에 루콜라를 올려 마무리한다.

TIP 타우린이 풍부한 문어는 많이 두들길수록 연해지므로, 티월로 감싸 밀대로 충분히 두들긴 뒤 끓는 물에 데쳐 사용한다. 식물성 단백질이 풍부한 알칼리성 식품인 퀴노아는 항산화 효과가 탁월해 노화 방지를 예방해주는 슈퍼푸드로, 저칼로리 고단백 식품이면서 강한 산성 식품인 문어와 찰떡궁합인 식재료다.

바지락 토마토 볶음

Clam Tomato Stir-Fry

INGREDIENT

볶기
올리브유	15g
다진 마늘	16g
양파	100g
바지락	600g
모스카토 와인	100g
대추토마토	200g
토마토 페이스트	30g
페페론치니	3개

마무리
굵게 다진 바질 5장
(혹은 이탈리안 파슬리 약간)

곁들이
식사용 빵

RECIPE

1. 바지락은 깨끗이 씻은 뒤 해감해 준비한다.

2. 냄비에 올리브유, 다진 마늘, 잘게 깍둑썰기한 양파를 넣고 중약불에 재료가 투명해질 때까지 볶아주다, 바지락과 모스카토 와인을 순서대로 넣고, 바지락 입이 벌어질 때까지 익힌다.

3. 바지락 입이 벌어지면 반 토막 낸 대추토마토, 토마토 페이스트, 페페론치니를 넣고 살짝 볶는다.

4. 완성 그릇에 담아 굵게 다진 바질 혹은 이탈리안 파슬리를 뿌리고, 식사용 빵과 함께 낸다.

TIP 바지락은 맑은 물이 나올 때까지 깨끗이 씻은 다음, 바닷물 염도(3~3.5%)에 맞춘 굵은 소금을 녹인 물에서 충분히 해감한다. 조개는 지방은 적으면서도 단백질 함량이 높고, 구리 및 철분 등 무기질이 풍부해 조혈작용이 뛰어나다. 또 간 해독에 좋은 타우린도 많아 간 손상을 막아주는 기특한 식재료이기도 하다.

발사믹 소스의 관자구이 샐러드
Seared Scallops Salad in Balsamic Reduction

INGREDIENT

전처리
키조개 관자	2개
화이트 와인	약간
소금, 후추	약간

발사믹 소스
마늘	4개
올리브유	30g

발사믹 식초 45g + 물 45g + 치킨스톡 1.5g + 천연 설탕 15g

샐러드용 채소
방울토마토, 제철 과일(딸기 등) 약간

RECIPE

1. 관자는 막과 질긴 부분을 제거한 뒤 얇게 슬라이스하고, 그 위에 화이트 와인을 뿌려 재워둔다.

2. 마늘은 칼등으로 눌러 준비하고, 팬에 올리브유, 마늘을 노릇하게 향내 나도록 굽다가, 마늘은 건져내고 발사믹 식초, 물, 치킨스톡, 천연 설탕을 넣어 거품 나게 졸인 뒤 불을 끄고 차갑게 식혀 발사믹 소스로 만든다.

3. 1에 소금, 후추를 가볍게 뿌린 다음, 뜨겁게 달군 팬에 살짝 지져낸다.

4. 접시에 방울토마토, 제철 과일과 구운 관자를 올린 다음 2를 뿌려 마무리한다.

TIP 키조개 관자는 오래 익힐수록 질겨지므로, 부드러운 식감을 위해 얇게 썰어서 팬에 살짝 구워야 한다. 발사믹 식초는 포도즙을 발효해 만드는데, 오랜 시간 오크통을 옮겨가며 특유의 신맛을 중화시킨 식초로 일반 식초보다는 값이 나가는 편이다. 위 조리법대로 하면 시중에서 구할 수 있는 저렴한 발사믹 식초로도 감칠맛 나는 발사믹 소스를 만들 수 있다.

버섯 전복찜

Steamed Abalone with Mushrooms

INGREDIENT

밑간
청주	
4년근 전복	4개
간 양파	10g

볶기
맛기름	
중간 크기 양송이버섯	4개
맛기름	5g
자연산 송이(표고 혹은 고송)	60g
소금, 후추	약간
간 양파	20g
화이트 와인	10g
맛간장	5g
튜브 연겨자	2g

고명
잣가루	12g
볶은 은행	16g
대추	8g
소금, 참기름	약간

곁들이
취청오이	150g
소금	2g
맛기름	5g

RECIPE

1. 껍질째 전복은 솔을 이용해 살을 닦아낸 뒤 김 오른 찜통에 청주를 넣고 1분간 찌고, 내장과 이빨을 제거하고 4쪽으로 저며 썬 다음 간 양파에 밑간한다. 전복 껍질은 전복 찐 물에 5분간 삶고 건져둔다.

2. 양송이버섯은 기둥 끝만 손질해서 도톰하게 썰고, 자연산 송이는 저며 썬다.

3. 달군 팬에 맛기름을 두르고 손질한 버섯을 넣고 노릇하게 볶다가 전복 저민 것을 넣고 살짝 볶고, 소금, 후추와 간 양파, 화이트 와인, 맛간장, 연겨자로 간을 한다.

4. 잣가루, 볶은 은행, 대추를 각각 다지고 소금, 참기름에 버무려 고명을 준비한다.

5. 취청오이는 얇게 링 모양으로 썬 다음 소금에 뒤적여 절이고, 10분 뒤 거즈에 물기를 짜고, 맛기름에 볶아 식힌다.

6. 1에 구운 버섯과 전복을 올리고, 전복을 쪘던 찜통에 올려 2분 동안 찐다.

7. 접시에 볶은 오이를 놓고, 그 위에 찐 전복을 올리고, 마지막으로 4를 올려 마무리한다.

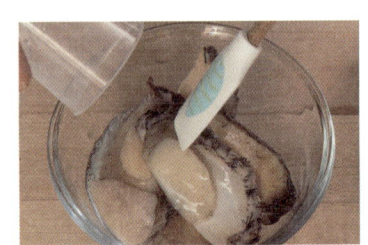

TIP 김 오른 찜통에 청주를 넣고 1분간 전복을 찐 다음 손질해서 하나씩 랩으로 감싸 냉동 보관해두면, 요리할 때 매번 전복을 손질할 필요가 없으므로 한결 편하다.

불낙 전골

Spicy Octopus Stew

INGREDIENT

불리기
건당면 80g

육수
끓는 물 3000g + 통후추 7g + 다시마 15g + 마늘 50g + 생강 10g + 대파 75g + 감자 1개 + 당근 200g + 모시조개 100g + 깻잎 35g + 청양고추 2개 + 건청양고추 3개 + 무 150g + 양파 300g

전처리
낙지 .... 600~650g
밀가루 .... 약간
식초 15g

밑간: 채소즙 5g + 화이트 와인 10g + 들기름 약간

양념
고춧가루 8g + 거칠게 간 깨소금 5g + 천연 설탕 3g + 다진 마늘 16g + 고추장 18g + 참기름 15g + 후추 약간

고기 밑간
저며 썬 채끝등심 300g

천연 설탕 20g + 간장 60g + 다진 마늘 30g + 참기름 30g + 거칠게 간 깨소금 10g + 후추 약간

버섯 밑간
슬라이스한 생표고 3개
애느타리 100g
팽이 1봉

미림 10g + 채소즙 10g + 소금 + 후추

마무리
7~8cm로 토막 낸 미나리 70g
고갱이쑥갓 40g
필요 시 소금 .... 약간

RECIPE

1. 당면은 1시간 이상 불려놓는다.

2. 전골육수 재료를 모두 합해 강불에 끓이고, 끓기 시작하면 약불로 줄인 뒤 뚜껑을 살짝 걸친 채로 1시간 동안 끓인 다음 체에 거른다.

3. 밀가루와 식초로 씻은 낙지는 밑간 재료에 최소 2시간 이상 재워둔다.

4. 3을 가볍게 건져내 양념 재료에 버무려둔다.

5. 채끝등심은 밑간재료에 넣고 주물러서 둔다.

6. 슬라이스한 생표고, 애느타리, 팽이버섯은 손질 후 밑간 재료에 버무려둔다.

7. 전골냄비 가운데에 당면을 깔듯 올리고, 그 위에 버섯을 올리고, 그 위에 3을 올리고, 그 주변에 5를 두르듯 올려준다.

8. 전골냄비에 뜨거운 육수를 자작하게 붓고 뚜껑을 닫아 강불에 끓이고, 끓기 시작하면 중불로 줄이고 고기와 낙지를 풀어주면서 맛이 잘 배어들도록 5분간 끓여준다.

9. 상에 내기 직전에 고갱이쑥갓과 7~8cm 길이로 토막 낸 미나리를 올려 다시 한 번 끓인 뒤, 맛을 보고 소금으로 마무리 간을 한다.

TIP 낙지는 머릿속 내장과 눈, 입을 제거한 뒤, 1차로 밀가루에 바락바락 주물러서 씻고, 2차로 식초를 넣고 주무른 뒤 뽀드득하게 헹궈서 준비한다. 낙지에는 타우린과 베타인 성분이 많아 피로와 원기회복에 좋고, 지방간을 예방해준다. 또 단백질과 철분 등 무기질이 풍부해 콜레스테롤을 낮춰주고 빈혈을 예방하는 효과도 있다.

사천풍 양장피 새우냉채

Szechuan King Prawn Salad with Mung Bean Noodles

INGREDIENT

끓이기
두절 대하	14마리

새우가 잠길 정도의 물 + 셀러리잎 + 화이트와인

양장피 양념

간장 15g + 사과식초 15g +
천연 설탕 15g + 라유 10g +
맛기름 10g + 참기름 8g +
과일 케첩 10g + 두반장 15g

채썬 양장피	100g

채소
취청오이	1개
소금	2g
완숙토마토	1개

지단
왕란	2개
소금, 참기름	약간

새우 채소 소스

사과식초 8g + 백설탕 8g +
토판염 2g + 다진 마늘 5g +
연겨자 3g + 사과 주스 25g

RECIPE

1. 대하는 머리가 잘린 것으로 준비해서 껍질을 벗긴다. 재료가 잠길 정도의 물에 셀러리잎, 화이트 와인을 넣고 끓으면 새우를 넣고, 새우 색깔이 변하기 시작하면 뚜껑을 닫고 불을 끈 다음 1분 뒤 건져서 랩을 씌워둔다.

2. 채썬 양장피는 미지근한 물에 15분간 불린 뒤 끓는 물에 1분간 삶고 체로 옮겨 찬물에 헹군 다음, 양념 재료에 버무린다.

3. 취청오이는 얇게 링 모양으로 썰고 소금에 절이고 10분 뒤 가볍게 헹궈내서 꼭 짠 다음 차갑게 보관한다. 토마토는 반 토막을 내서 얇게 반달썰기를 한다.

4. 왕란에 소금, 참기름을 넣고 풀어서 체에 내린 다음 30분 뒤 지단 팬에 올려 2장 부친다. 지단이 식으면 돌돌 말아서 1cm 두께로 채썬다.

5. 접시에 3과 지단 썬 것, 새우를 마주 보게 놓고, 그 가운데에 2를 올린다.

6. 밑간한 양장피를 제외하고 새우 채소 소스를 골고루 뿌려 마무리한다.

TIP 전분피 두 장을 겹쳐 만들었다 해서 '양장피'라고 불리며, 겨자 소스에 버무려 먹는 요리를 지칭하기도 한다. 양장피는 너무 오래 삶으면 흐물흐물하게 녹아버리므로 불린 뒤 살짝 데치는 것이 좋다.

수란을 곁들인 아보카도 새우 샐러드

Avocado Shrimp Salad with Poached Eggs

INGREDIENT

준비하기

큰 아보카도	1/2개
레몬즙	5g
완숙토마토	1/3개
레몬즙	5g
셀러리 줄기	4쪽
대하(혹은 냉동자숙 새우)	100g

새우가 잠길 정도의 물 + 셀러리잎 + 화이트 와인

달걀	2개

발사믹 리덕션

발사믹 식초 75g + 천연 설탕 4g + 꿀 10g + 소금 약간

레몬 트러플 오일 드레싱

레몬즙 20g + 트러플 오일 20g + 꿀 8g + 토판염 1.5g + 바질 3장 + 후추 약간

마무리

그린올리브, 한련화 꽃과 잎, 트러플 오일

블랙올리브, 후추	약간

RECIPE

1. 아보카도는 껍질을 깐 뒤 세로로 2등분해 레몬즙을 바르듯 뿌리고, 토마토는 얇게 링썰기해 레몬즙을 뿌려둔다.

2. 셀러리는 필러로 20cm 길이로 길게 슬라이스하고 물에 담갔다 건진다. 냄비에 셀러리잎과 화이트 와인을 넣은 물이 끓으면 새우를 넣고, 새우 색깔이 변하면 불을 끄고 뚜껑을 닫은 뒤 5분간 두었다 건진다.

3. 다른 냄비에 물, 소금, 식초를 넣고 물이 끓으면 회오리가 일어나게 저은 뒤 생달걀을 넣고 흰자만 익혀 수란을 만든다.

4. 발사믹 리덕션 재료를 합해 점도가 생기도록 졸여준다.

5. 레몬 트러플 오일 드레싱 재료를 충분히 유화시키듯 섞어주고, 익힌 새우와 버무려준다.

6. 접시에 토마토, 아보카도 순으로 올리고, 5와 셀러리, 수란을 보기 좋게 올린 다음, 4와 마무리 재료를 뿌려낸다.

TIP 아보카도는 공기 중에 두면 쉽게 갈변하는데, 레몬즙을 발라두면 갈변을 지연시킬 수 있다. 수란을 만들 때는 반드시 신선한 달걀을 사용해야 한다.

연어 파피요트

Salmon Papillote

INGREDIENT

연어 전처리
- 필레 연어(스테이크용) 180-200g
- 우유

시즈닝: 간 양파 15g + 간 레몬 제스트 1g + 토판염 1g + 후추 약간

링썰기한 레몬

채소
- 중간 굵기 아스파라거스 .... 18g(1개)
- 노랑 파프리카 30g
- 빨강 파프리카 30g
- 양송이 20g
- 백일송이 20g
- 블랙올리브 4개
- 대추토마토 2개
- 케이퍼 10알

채소 시즈닝

화이트 와인 15g + 올리브유 15g + 레몬즙 15g + 간 레몬 제스트 1g + 토판염 1g + 후추 약간

마무리
잘게 썬 파슬리잎, 잘게 썬 민트잎 약간

RECIPE

1. 스테이크용 연어는 우유에 재웠다 헹군 다음 물기를 제거해주고, 시즈닝 재료를 바르고, 그 위에 0.5cm 두께로 링썰기한 레몬을 덮듯이 올려준다.

2. 아스파라거스는 끓는 소금물에 데쳐 4cm 길이로 토막 내고, 파프리카는 양끝을 자른 뒤 길이 5cm, 두께 0.5cm로 채썰고, 양송이는 0.5cm 두께로 슬라이스하고, 나머지 채소를 넣은 후, 모두 합한 채소 시즈닝 재료에 버무린다.

3. 총 길이가 약 90cm인 종이호일을 반 접고, 그 위에 시즈닝한 채소와 연어를 올린 다음 종이호일을 주머니처럼 접어주고, 175도로 예열한 오븐에 15분간 굽는다.

4. 접시에 올려서 종이 가운데를 잘라주고, 음식 위에 마무리 재료를 뿌려 낸다.

   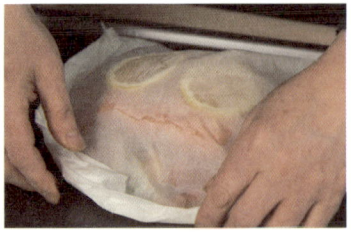

TIP 파피요트는 유산지나 알루미늄 호일에 버터를 바르고, 날 음식이나 익힌 음식, 향신 채소를 넣고 싸서 찌듯이 조리한다. 재료가 지닌 본연의 향과 맛을 극대화시키는 조리법이다.

장어 튀김 조림

INGREDIENT

전처리
장어 1마리 (손질 후 무게 250~300g)

밑간: 양파즙 6g + 생강즙 6g + 배즙 6g + 복분자 발효액 12g + 화이트와인 12g + 소금 약간 + 후추 약간

튀기기
감자전분, 식용유

볶기
참기름 6g + 식용유 12g

데친 마늘	12알
건청양고추	3개
불린 표고	2개
홍고추	1개
청고추	1개
소금, 후추	약간

졸이기
맛간장 16g + 고춧가루 1.5g + 양파즙 4g + 배즙 4g + 꿀 20g + 참기름 8g + 고추기름 4g

마무리
올리고당 15g

RECIPE

1. 장어는 등쪽을 칼등으로 긁어 점액질을 제거한 후 키친타월로 닦아내고, 한입 크기로 토막 내어 섞어놓은 밑간 재료에 재워둔다.

2. 가볍게 물기를 제거한 1에 감자전분을 골고루 묻혀 장어에 감자전분이 그대로 먹어 들어가게 놔둔 다음, 노릇하게 튀긴 후 건진다.

3. 팬에 참기름, 식용유를 둘러 데친 마늘을 향이 올라오도록 볶다가, 토막 낸 건청양고추, 토막 낸 불린 표고, 토막 낸 홍고추와 청고추를 넣고 노릇하게 볶아주고, 소금과 후추로 가볍게 간한다.

4. 채소를 볶은 팬에 졸이기 재료를 넣고, 여기에 튀긴 장어를 넣은 다음 양념이 배어들도록 졸인다.

5. 졸여지면 3을 넣어 살짝 볶아주고, 올리고당을 넣어 마무리한다.

6. 접시에 보기 좋게 담아낸다.

TIP 단백질과 비타민 A가 풍부한 장어는 대표적 스태미나 음식으로, 구이, 탕, 또는 즙으로 내어 보양식으로 먹는다. 여름철이 제철인 장어는 기력이 떨어졌거나 더위에 지칠 때 몸의 활력을 보충해주는 뛰어난 식재료 중 하나다.

지중해풍 문어 샐러드

Mediterranean Octopus Salad

INGREDIENT

삶기
양파 100g + 셀러리 50g + 당근 50g + 월계수잎 2장 + 재료가 잠길 정도의 물

문어
화이트 와인 50g

밑간
삶은 문어 300g
올리브유 15g
다진 마늘 5g
소금 1g
후추 .... 약간

지지기
마늘올리브유 15g
코냑 30g

부재료
중간 크기 감자 1개
소금 .... 약간
올리브유 15g
홍피망 1개 38.5g
줄기콩 50g
미니 대추토마토 100g
블랙올리브 12개

드레싱
레몬즙 15g + 트러플 오일 10g + 레몬 제스트(레몬 1개분 중 약간)

마무리
트러플 오일, 남은 레몬제스트 ... 약간

RECIPE

1. 문어는 내장과 입을 제거하고, 미끌거림이 없어질 때까지 밀가루로 바락바락 깨끗이 씻는다.

2. 물에 양파, 셀러리, 당근, 월계수잎을 넣고 강불에 끓이고, 끓어오르면 화이트 와인과 문어를 넣고 2시간 동안 삶은 뒤, 문어를 건져 한입 크기로 토막 내 식기 전에 올리브유, 다진 마늘, 소금, 후추로 밑간한다.

3. 팬을 세게 달구어 밑간한 문어를 올려 마늘올리브유를 넣고 볶고, 코냑으로 플람베 후 노릇하게 지진다.

4. 감자는 껍질을 벗겨서 반으로 가르고 사방 1cm 크기로 썬 뒤, 소금을 약간 넣은 차가운 물에 넣어 강불에 끓인다. 끓기 시작하면 약불에 삶아(총 5분) 건지고, 올리브유를 두른 팬에 노릇하게 지져낸다.

5. 홍피망은 토치로 태워 껍질과 씨를 제거하고 사방 1cm로 썬다.

6. 줄기콩은 토막 내서 끓는 소금물에 데쳐내고, 미니 대추토마토는 반으로 잘라 준비한다.

7. 레몬즙, 트러플 오일, 레몬 제스트를 합해 유화시켜 드레싱을 만든다.

8. 3~6을 전부 합해 7에 가볍게 버무린 뒤 접시에 담고, 그 위에 트러플 오일과 남은 레몬 제스트를 뿌려 낸다.

TIP **마늘올리브유 만들기:** 마늘과 올리브유를 1:3의 비율로 약불에서 은근히 노릇해질 때까지 튀겨낸 후, 건져낸 마늘은 토핑으로, 마늘향 가득한 기름은 요리에 사용한다.

타페나드 광어 스테이크

Seabass Steak with Olive Tapenade

INGREDIENT

타페나드
- 블랙올리브 120g
- 양파 25g
- 케이퍼 25g
- 다진 마늘 5g
- 올리브유 80g

광어 밑간
- 횟감용 광어 1마리
- 케이퍼 25g
- 소금, 후추 .... 약간

굽기
- 카놀라유 30g

마무리
- 이탈리안 파슬리춉(혹은 코리앤더잎)
- 토마토 콩카세
- 식용꽃

RECIPE

1. 커터기에 블랙올리브, 양파, 케이퍼, 다진 마늘, 올리브유를 넣고 입자감 있게 갈아서 타페나드를 만든다.

2. 광어는 머리, 내장, 비늘을 제거한 뒤 씻어서 물기를 제거하고, 밑간 재료를 뿌린 다음 랩으로 덮어 키친타월에 싸서 1일간 냉장 보관하고, 랩을 제거한 다음 윗면에 타페나드를 골고루 덮듯 발라준다.

3. 세게 달군 팬에 카놀라유를 두르고 2를 휘어지지 않도록 밑면만 지지고, 180도로 예열한 오븐에 12분간 익힌 후 키친타월로 옮겨서 기름을 뺀다.

4. 접시에 3을 올린 뒤 이탈리안 파슬리춉, 토마토 콩카세, 식용꽃을 보기 좋게 뿌리듯 올려 낸다.

TIP 타페나드는 가장 인기 있는 올리브 페스토로, 딥이나 스프레드 형태로 만들어 생선, 고기, 채소 등 다양한 요리에 사용한다. 오늘 소개한 요리처럼 생선에 올려 구워 먹기도 한다.

토마토와 연어 마리네이드

Marinated Tomato and Salmon

INGREDIENT

연어 마리네이드

횟감용 연어 200-250g

다시마 5g + 채썬 양파 50g + 레몬즙 15g + 레몬 껍질 5g + 물 200g + 간장 15g + 간 후추 0.5g + 화이트 와인 50g

드레싱

디종 씨겨자 10g + 다진 마늘 5g + 토판염 7g + 간 통후추 0.5g + 꿀 24g + 현미식초 20g + 올리브유 40g

채소

완숙토마토 1개
노랑 파프리카
셀러리
고수(잎 위주)

RECIPE

1. 지퍼백에 마리네이드 재료를 넣어 합해둔다.

2. 연어는 세게 달군 팬에 맛기름을 약간 두른 뒤 앞뒤로 가볍게 익히고, 키친타월에 기름을 빼고, 1을 빈틈없이 발라 최소 3시간 이상 냉장 휴지한 다음, 키친타월 위에 둔 채로 약간 도톰하게 슬라이스한다.

3. 토마토는 끓는 물에 껍질을 벗긴 후 얇게 웨지 모양으로 썰고, 볼에 담아 드레싱 재료를 모두 섞은 것 일부에 버무려둔다.

4. 얇게 채썬 노랑 파프리카와 얇게 채썬 셀러리, 고수는 찬물에 담갔다 건진 뒤 차갑게 보관한다.

5. 접시에 드레싱에 버무린 토마토, 슬라이스한 연어, 파프리카와 셀러리를 순서대로 반복해 켜켜이 올리고, 남은 드레싱을 바닥에 흘리듯 뿌려주고, 고수잎을 올려 낸다.

TIP 레몬과 와인의 산미는 연어를 숙성시킴과 동시에 연어 특유의 비린내를 잡아준다. 또 다시마는 감칠맛을 더해준다.

해산물구이와 로메스코 소스

Grilled Seafood with Romesco Sauce

INGREDIENT

딥 재료

홍피망 5개	450g
아몬드 슬라이스	30g
바게트 빵조각	1컵

베이스: 고추 플레이크(혹은 고운 고춧가루나 칠리 파우더) 1t + 훈제 파프리카 파우더 1/2T(혹은 1/2t) + 다진 마늘 5g + 셰리 식초 30g + 토마토촙 캔 200g + 올리브유 50g

이탈리안 파슬리	1T
소금, 후추	약간

해물
그릴에 구운 새우
오징어
문어 등

채소
그릴에 구운 아스파라거스
겨울 대파
작은 피망 등 고추류
삼색 파프리카
로메인 등

RECIPE

1. 홍피망은 겉만 돌려가며 토치로 태운 뒤 비닐봉지에 담아 그대로 식힌 다음, 흐르는 물에 껍질과 씨를 제거한다.

2. 밧드에 실리콘 페이퍼를 깔고, 그 위에 아몬드 슬라이스를 올려 150도로 예열한 오븐에 10분간 구운 뒤 식힌다.

3. 사방 1cm 길이로 깍둑썰기한 바게트 빵(혹은 1cm 크기로 어슷썰기한 바게트 빵 2쪽)을, 아몬드를 구울 때 같이 굽는다.

4. 1~3과 베이스 재료를 블렌더에 넣어 거친 입자로 간 뒤, 소금, 후추, 이탈리안 파슬리를 섞어 냉장고에 1시간 숙성한 후 사용한다.

5. 그릴에 구운 각종 해산물, 채소 등과 곁들여 찍어 먹는다.

TIP 로메스코 소스는 다양한 요리에 활용 가능한 만능 소스로, 특히 해산물과 구운 채소 요리에 아주 잘 어울린다. 로메스코 소스에 찍어 먹는 대표 요리로 스페인 카탈루냐의 전통 요리인 칼솟타다(대파구이)를 들 수 있다. 우리나라 대파와 비슷한 채소를 불에 까맣게 구운 뒤, 구운 부분을 벗겨 로메스코 소스에 찍어먹는다. 로메스코 소스는 냉장고에 5일간 보관 가능한데, 여기에 들어가는 토마토촙 캔 대신에 중간 크기의 완숙토마토 3개(340g)를 겉만 불에 살짝 구워서 껍질을 벗긴 뒤 사용하면 좀 더 상큼한 맛을 즐길 수 있다. 소스를 만들 때 들어가는 올리브유는 농도를 보면서 양을 조절하면 된다.

홍콩식 도미찜
Hong Kong Style Steamed Sea Bream

INGREDIENT

전처리
도미 1마리 700-800g

생강즙 찌꺼기 + 채소즙 10g +
천연 설탕 10g + 국간장 15g +
후추 약간

찌기(2마리 기준)
찜냄비 1/3의 끓는 물 + 청주 100g

블랙빈 소스
시판 춘장 18g + 굴소스 15g +
다진 마늘 15g + 맛기름 10g +
천연 설탕 10g +
생강술(다진 생강 7g + 청주 14g)

고명
씨째 다진 홍고추 9g
송송 썬 쪽파 40g

마무리
고수잎

RECIPE

1. 도미는 비늘, 아가미, 내장을 제거하고 살에 칼집을 준 뒤, 생강즙을 짜고 남은 생강 찌꺼기, 채소즙, 천연 설탕, 국간장, 후추 약간을 발라 20분간 밑간해둔다.

2. 찜통 물이 끓으면 청주를 넣고, 끓어오르면 찜기 바닥에 접시나 종이호일을 깔고 1을 올리고, 도미 윗면과 칼집 사이사이에 블랙빈 소스를 골고루 발라 25~30분간 찐다.

3. 찌기 시작한 지 25~30분 후 씨째 다진 홍고추와 송송 썬 쪽파를 올리고, 다시 1분간 더 찐 뒤 불을 끈다.

4. 접시에 쪄낸 도미와 소스를 올리고, 고수잎을 올려 낸다.

TIP 홍콩식 도미찜은 도미 외에 다른 생선에도 활용 가능한 요리다.

RICE,

NOODLES & BREAD

강된장

Seasoned Soybean Paste

INGREDIENT

볶기

맛기름	5g
양파	100g
대파	38g
새송이	48g
생표고	14g

양념: 다진 마늘 4g + 매실청 4g + 청주 7.5g + 흰 물엿 5g + 청양고추 3g + 홍고추 2g

끓이기

시판 된장 60g + 시판 고추장 7g + 물 100g

강된장 찌개

강된장 200g + 물 200g(기호에 따라 추가)

깍둑썬 두부	140g
깍둑썬 애호박(기호에 따라 추가)	40g

RECIPE

1. 새송이, 생표고, 양파는 잘게 썰고, 대파는 잘게 송송 썰고, 청양고추와 홍고추는 씨째로 잘게 송송 썰어 준비한다.

2. 웍에 맛기름을 두르고 양파를 투명하게 볶다가, 대파를 넣고 향이 올라오도록 충분히 볶아준다.

3. 2에 새송이와 생표고를 넣어 숨이 죽도록 볶고, 양념 재료를 넣어 자작하게 볶은 후, 끓이기 재료를 넣고 저어가며 중약불에 뜸 들이듯 끓여준다.

4. 완성된 강된장을 찌개용만큼 계량해서 버섯, 채소 등과 함께 냄비에 넣어 맛이 배어들도록 끓인다.

TIP — **보리밥 짓기:** 씻은 찰보리쌀 200g과 물 200g을 넣고 전기밥솥에 밥을 지은 뒤, 여기에 씻은 찹쌀 100g과 물 250g, 간장 5g, 청주 5g, 맛기름 5g을 넣고 다시 취사한다. 강된장 열무비빔밥은 갓 지은 보리밥 위에 잘 익은 열무김치를 올린 다음, 강된장을 적당히 올려서 비벼 먹는다.

개성식 떡만둣국

Gaesung Mandu Soup

이탈리아의 라비올리, 폴란드의 피에로기 등 전 세계 어디를 가도 만두와 비슷한 요리를 찾을 수 있다. 이처럼 맛도 모양도 다양한 만두는 남녀노소 누구나 좋아하는 대표적인 요리다. 특히 우리나라에서 이북식 만두는 냉면만큼이나 인기가 좋은데, 투박하고 푸짐한 평양만두와 달리 개성만두는 동그랗고 예쁜 생김새가 특징이며, 깔끔한 맛이 일품이다.

INGREDIENT

핏물 빼기
- 양지 ········· 300g
- 사태 ········· 300g

끓이기
- 베이스: 물 3500g + 당근 250g + 반 토막 낸 양파 220g + 큼직 토막 낸 대파 100g + 마늘 20g + 시판 맛간장 3g + 토판염 2g + 국간장 5g
- 물 ········· 500g
- 떡국떡(= 조랭이떡) ········· 300g~500g
- 개성만두
- 토판염, 후추 ········· 약간

고기무침 양념
- 다진 마늘 15g + 국간장 12g + 다진 대파 10g + 참기름 10g + 후추 약간

웃고명
- 지단롤: 달걀 1개 + 마요네즈 0.5g + 미림 2g + 토판염 0.5g
- 미나리

RECIPE

1. 양지와 사태는 적당히 토막 내고, 물을 충분히 갈아주며 핏물을 빼낸다.

2. 큰 냄비에 끓이기 베이스 재료와 1을 넣고 강불에 끓이고, 끓어오르면 약불로 줄이고 뚜껑을 살짝 걸친 채로 1시간 동안 끓인다.

3. 2에 물 500g을 더 넣어 강불로 끓이고, 끓어오르면 약불로 줄여 30분간 더 끓인 다음 고기는 건져내 식히고, 육수는 체에 걸러낸 다음 다시 냄비에 담는다.

4. 식힌 고기는 결대로 찢어 고기무침 양념에 조물조물 무친다.

5. 3을 한소끔 끓인 뒤 떡과 만두를 넣고 다시 한소끔 끓여내고, 끓어오르면 2분간 더 끓이다가 토판염과 후추로 간을 맞춘다.

6. 지단롤 재료를 한데 섞어 잘 풀어 30분간 둔 뒤 체에 내려 팬에 롤 모양이 되도록 말면서 부치고, 그대로 호일에 단단히 싸서 식힌 뒤 0.5cm로 썬다.

7. 끓는 소금물에 미나리 줄기를 데친 다음 6~7cm로 토막 내서 두 개씩 묶어 매듭짓는다.

8. 그릇에 떡만둣국을 담고, 그 위에 4, 6, 7을 올려 낸다.

TIP 지단에 마요네즈를 약간 넣어주면 탄력이 생겨서 매끈하게 부칠 수 있다.

더덕 솥밥

INGREDIENT

불리기
쌀 300g
찹쌀 150g

표고육수
건표고 3개(35g) + 물 250g +
천연 설탕 3g

부재료
껍질더덕 200g
들기름 20g
한재미나리 50g
호박씨 15g
해바라기씨 20g
맛기름 15g

양념장
다진 더덕 10g + 간장 60g +
들기름 15g + 들깨가루 10g +
참기름 15g + 맛기름 10g +
한재미나리 20g + 홍고추 8g +
풋고추 1개 + 다진 마늘 5g

RECIPE

1. 쌀은 깨끗이 씻어 체에 30분 동안 받쳐둔다.

2. 건표고는 깨끗이 씻어 천연 설탕을 넣은 물에 담가 전자레인지에 1분간 돌리고, 그대로 불려서 짠 뒤 채를 썰고, 표고를 불릴 때 나온 육수는 보관해둔다.

3. 껍질더덕은 껍질을 깨끗이 씻어 뇌두를 잘라내고 칼로 돌려가며 껍질을 벗긴 다음 얇게 어슷썰기한다.

4. 2에서 만든 육수에 물을 합해 675g에 맞춘 후, 3에서 벗겨둔 더덕 껍질을 넣고 강불에 끓인다. 끓어오르면 약불로 줄여 10분간 끓인 뒤 체에 거른다.

5. 채썬 표고와 3을 합해 들기름에 버무리고, 미나리는 한입 크기로 토막 내고, 견과류는 살짝 볶는다.

6. 솥에 맛기름을 두르고 1을 볶다가 더덕육수를 부어 강불에 끓이고, 끓어오르면 위아래로 휘저어 섞은 뒤 약불에 13분간 뜸 들이고 불을 끈다.

7. 6에 미리 합해 들기름에 버무려둔 표고채와 더덕, 호박씨, 해바라기씨를 뿌려 그대로 7분간 뜸 들인 후 다시 미나리를 올리고 약불에 5분간 더 뜸을 들이고, 훌훌 섞는다.

8. 양념장 재료를 모두 섞어 양념장을 만들고, 솥밥에 곁들여 비벼 먹는다.

TIP 더덕껍질을 이용해 육수를 끓이면 더덕의 진한 향이 더 잘 살아날 뿐 아니라 더덕의 사포닌 성분이 몸에 잘 흡수되도록 도와준다.

똠얌 쌀국수

Tomyum Rice Noodles

INGREDIENT

불리기
쌀국수(2인분 기준) 200g

끓이기
육수: 물 1000g + 부순 치킨스톡 12g + 고수 뿌리 1개 + 고수 줄기
태국 칠리 소스 45g + 피시 소스 30g + 생레몬즙 45g + 코코넛 밀크 15g

해물
중하새우 14마리
오징어 1마리
중합 4개

채소
중간 크기 청경채 4송이
숙주 110g
청양고추 2개
홍고추 1개
쪽파 뿌리 1개
고수

RECIPE

1. 쌀국수면은 찬물에 1시간 이상 담가 불려두고, 냄비에 육수 재료를 넣고 끓이고, 끓기 시작하면 태국 칠리 소스, 피시 소스, 생레몬즙, 코코넛 밀크를 넣고 한소끔 끓여낸다.

2. 새우 7마리는 수염과 내장만 제거하고 나머지 7마리는 꼬리만 살려 껍질을 벗기고, 오징어 몸통은 껍질을 벗겨 링슬라이스하고, 긴 다리는 두 토막 내고, 중합은 박박 씻어 소금물에 해감한다.

3. 청경채는 길게 반을 가르고, 숙주는 반만 거두절미하고 꼬리가 길면 다듬는다.

4. 청양고추, 홍고추, 쪽파 뿌리, 고수는 송송 썬다.

5. 한소끔 끓인 1에 새우, 오징어, 중합을 넣고 그대로 강불에 3분간 끓이고, 고수 뿌리와 줄기는 건져낸다.

6. 불린 쌀국수면은 끓는 물에 2분간 삶아 체에 옮겨두고, 그 위에 3을 얹고, 육수에 토렴한(국수에 뜨거운 국물을 부었다 따랐다 해 덥게 하는 것) 다음 완성 그릇에 담는다.

7. 5 위에 해물을 얹고 국물을 부어주고, 4를 뿌려 마무리한다.

TIP 똠얌은 태국 음식 중 하나로, 육수에 고추, 마늘, 레몬그라스 등을 넣고 끓여 매콤하고도 새콤한 맛이 나는 것이 특징이다. 추가되는 재료에 따라 이름이 달라지는데, 해산물이 들어가면 똠얌탈레, 새우만 들어가면 (우리에게 가장 친숙한) 똠얌꿍이다.

루콜라 치킨 샌드위치

Arugula Chicken Sandwich

INGREDIENT

마리네이드(샌드위치 1개 기준)

닭가슴살	1쪽
우유, 소금, 후추	약간
다진 파슬리	약간
올리브유	

스프레드용 바질페스토

큰 바질잎 6g + 마늘 1알(중) + 구운 잣 10g + 올리브유 15g + 소금 약간

바질페스토(샌드위치 4개 기준)

바질잎 15장 + 이탈리안 파슬리 4줄기 + 천일염 2.5g + 잣 8알 + 마늘 1알 + 그라노빠다노 10g + 올리브유 80g

속재료

얇게 슬라이스한 완숙토마토	4쪽
체다 슬라이스 치즈	2장
루콜라 한 줌(잎사귀 위주)	
디종 씨겨자	약간
파르마지아노 레지아노 치즈	약간

빵

식사용 빵

RECIPE

1. 닭고기는 반으로 저며 넓게 펼친 뒤 살짝 두들기고 우유를 발라둔 다음 깨끗이 헹궈 물기를 제거하고, 소금, 후추, 파슬리 다진 것 약간, 올리브유에 최소 3시간에서 하루 정도 마리네이드하고, 팬에 종이호일을 깐 다음 노릇하게 구워 준다.

2. 큰 바질잎, 마늘, 구운 잣, 소금 약간, 올리브유로 스프레드용 바질 페스토를 만든다.

3. 슬라이스한 식사용 빵 양쪽에 바질 페스토를 발라주고, 한쪽 면에 치즈 2장을 겹쳐 올린다. 슬라이스한 토마토 4쪽을 서로 살짝 겹치게 올리고, 구운 닭가슴살을 올린다. 그 위에 디종 씨겨자를 살짝 발라주고, 루콜라를 한 줌 올린다. 그 위에 파르마지아노 레지아노 치즈를 충분히 갈아 뿌리고, 나머지 빵으로 덮는다.

베네치안 스캄피 오일 파스타

Linguine agli scampi veneziano

INGREDIENT

새우 밑간
대하 5마리

다진 마늘 6g + 올리브유 8g + 토판염 1g

파스타 삶기
파스타면 110g

끓는 물 1300g + 천일염 13g

새우 오일
올리브유 24g + 마늘 1개 + 새우 머리 + 새우 껍질

볶기
마늘 1알
레드페퍼 플레이크 0.5g
샴페인 30g

간하기
버터 8g + 다진 이탈리안 파슬리 1.5g + 레몬 제스트 1g + 레몬즙 5g
토판염 약간 + 후추 약간

마무리
이탈리안 파슬리 약간
레몬 제스트 약간

RECIPE

1. 새우는 꼬리를 살리고, 머리와 껍질은 제거하고, 다진 마늘, 올리브유, 토판염으로 밑간한다.

2. 파스타는 7분간 삶은 후 면은 건지고 면수는 보관한다.

3. 팬에 올리브유와 칼등으로 누른 마늘, 새우 머리, 껍질을 넣고 중불에 익히다 새우 머리와 껍질은 건져내 새우 오일을 만든다.

4. 3에 얇게 썬 마늘 1알, 레드페퍼 플레이크를 넣고 향이 올라오도록 볶은 뒤, 밑간 새우를 넣고 볶고, 새우가 80%쯤 익으면 샴페인을 넣고 뚜껑을 닫아서 익힌다.

5. 4에 파스타와 면수를 넣어 농도가 생기도록 익히다가 불을 끈다.

6. 5에 간하기 재료를 넣어 섞고, 토판염과 후추로 간한다.

7. 그릇에 새우 머리와 함께 파스타를 담고, 마무리 재료를 뿌려 낸다.

TIP 베네치안 스캄피 오일 파스타는 이탈리아 베네치아의 대표적 요리다. 노르웨이의 랍스터로 불리는 스캄피는 우리나라 제주도에서 나는 닭새우와 비슷한데, 이 레시피에서는 스캄피 대신 대하를 사용했다.

베이글 훈제연어 샌드위치

Smoked Salmon Bagel Sandwich

INGREDIENT

스프레드(2개분)
상온 크림치즈 70g + 다진 당근 14g + 다진 셀러리 17g + 다진 빨강 파프리카 10g + 소금 약간 + 설탕 약간

속재료
훈제연어 3쪽 + 레몬즙

얇게 링슬라이스한 적양파	40g
케이퍼	1/2T
롤라로사 또는 상추	약간

빵
베이글 1개

마무리
레몬 슬라이스 1개

곁들이
원형 소시지구이
감자튀김
잘게 깍둑썬 청피망
적양파
빨강 파프리카
주황 파프리카
노랑 파프리카

셰리 식초 + 소금 약간 + 후추 약간 + 레몬즙 약간

RECIPE

1. 훈제연어는 레몬즙을 약간 뿌려둔 후 빵에 맞춰 넓게 둘둘 말아 준비한다.

2. 다진 당근과 다진 셀러리는 거즈에 꼭 짜고, 베이글은 반으로 슬라이스해서 그릴팬에 굽는다.

3. 얇게 링썰기한 적양파는 물에 담근 뒤 건져서 키친타월에 물기를 제거하고, 케이퍼는 씻어서 물기를 제거한다.

4. 구운 베이글에 스프레드 재료를 모두 섞은 것을 넉넉히 발라둔 다음 케이퍼를 올리고, 한쪽에만 샐러드 채소, 훈제연어, 양파와 남은 케이퍼를 순서대로 올린 후 베이글로 덮어 낸다. 반으로 썰어서 내도 된다.

5. 베이글 위에 레몬 슬라이스 1개를 꼬치로 꽂아 함께 상에 낸다.

베트남식 라이스 피자

Vietnamese Rice Paper Pizza

INGREDIENT

쪽파기름
맛기름 15g
쪽파 2개

굽기
라이스피(지름 22cm) 3장
달걀물: 달걀 1/2개

토핑
청고추
홍고추
노랑 파프리카
슈레드 치즈 약간
시판 태국 칠리 소스

마무리
고수잎

RECIPE

1. 팬에 맛기름을 두르고, 팬이 달궈지면 송송 썬 쪽파를 넣고 섞은 뒤 불을 끈다.

2. 다른 코팅팬을 준비해 맛기름으로 닦아낸 다음, 라이스피를 잽싸게 물에 담갔다 3장을 맞붙여 팬에 펼친 뒤, 약불 상태에서 쪽파기름을 윗면에 골고루 발라주고, 바닥이 얼마간 바삭해질 때까지 구워준다.

3. 밑면이 바삭해지면 뒤집어서 달걀물을 수저 뒷면을 이용해 골고루 펼쳐 발라주고, 쪽파 건더기, 0.5cm 두께로 썬 청고추와 홍고추, 노랑 파프리카를 올린다.

4. 3 위에 슈레드 치즈를 뿌리고 칠리 소스를 군데군데 뿌려준 다음, 치즈가 녹도록 노릇하게 구워준다.

5. 상에 내기 직전에 고수잎을 뿌려 낸다.

보드카 펜네
Penne alla Vodka

INGREDIENT

파스타 삶기
펜네	250g

끓는 물 1500g + 굵은 천일염 15g

볶기(1)
올리브유	15g
다진 마늘	8g
다진 샬롯	50g
보드카	100g

끓이기

닭육수: 치킨스톡 2g + 물 100g

홀토마토	200g
생크림	50g
파르마지아노 레지아노 치즈	10g
생바질잎	10장

볶기(2)
올리브유	약간
중하새우	5마리
보드카	10g(플람베)

마무리
토마토 콩카세	40g
굵게 다진 이탈리안 파슬리	
후추	약간

RECIPE

1. 파스타는 끓는 물에 굵은 천일염을 넣고 10분간 알단테(단단한 식감)로 삶는다.

2. 팬에 올리브유를 두른 다음 다진 마늘과 다진 샬롯을 중약불에 투명해질 때까지 볶다가, 보드카를 넣고 알코올이 날아가도록 반으로 졸인다.

3. 2에 닭육수, 대충 가위질한 홀토마토를 넣고 강불에 한소끔 끓여내고, 끓기 시작하면 중불로 줄여 2분간 끓인다.

4. 3에 생크림, 파르마지아노 레지아노 치즈를 넣고 약불에 살짝 졸인 뒤, 파스타면과 면수를 넣고, 채썬 바질잎을 넣고 살짝 끓여 완성한다.

5. 달궈진 팬에 올리브유를 약간 둘러 껍질을 깐 중하새우를 볶고, 보드카를 넣어 플람베한다.

6. 접시에 파스타를 올리고, 그 위에 새우를 올리고, 토마토 콩카세, 굵게 다진 이탈리안 파슬리, 후추를 올려낸다.

불고기 피자

INGREDIENT

도우
강력분 300g + 생이스트 4g + 백설탕 12g + 소금 5g + 물 180g

올리브유 12g

나폴리 피자 소스
홀토마토 으깬 것 230g + 올리브유 15g + 소금 1g + 오레가노 가루 약간 + 후추 약간

볶기
불고기용 소고기 100g

배 간 것 15g + 백설탕 10g + 미림 5g + 토판염 1.5g + 참기름 5g + 후추 약간

토핑
모차렐라 치즈
양파
청피망
빨강 파프리카
양송이
블랙올리브

RECIPE

1. 강력분, 생이스트, 백설탕, 소금, 물을 합해 한 덩어리가 되도록 3분간 반죽한 뒤, 올리브유를 넣고 9분간 매끈해지도록 반죽해서 1차 발효(2배가 되도록)를 한다. 그다음 반죽을 2개로 나누어 둥글린 뒤 30분간 과발효 후 밀대로 적당히 밀어주고, 반죽을 돌려가며 넓게 민다.

2. 나폴리 피자 소스 재료를 모두 합한 뒤 냉장 숙성한다.

3. 불고기용 소고기를 간 배, 백설탕, 미림, 토판염, 후추 약간, 참기름으로 재운 뒤, 세게 달군 팬에 국물이 없어지도록 볶아준다.

4. 밀어서 편 도우에, 가장자리 2cm를 남겨두고 2를 골고루 펴 발라준다.

5. 4에 치즈를 골고루 뿌려주고, 도톰하게 링썰기한 양파, 짧게 채썬 청피망과 빨강 파프리카, 슬라이스한 양송이, 블랙올리브를 골고루 올린 뒤, 230~250도로 예열한 오븐에서 굽거나 화덕에 굽는다.

6. 5 위에 치즈를 약간 더 뿌려서 녹으면 불고기를 올려 상에 낸다.

브리애플 샌드위치

Brie Apple Sandwich

INGREDIENT

빵
슬라이스한 곡물빵	2개
버터	약간

속재료
슬라이스한 브리 치즈 2-3쪽
껍질째 얇게 슬라이스한 사과 3-4쪽
굵게 다진 호두 약간, 꿀 약간
베이비루콜라 반 줌

RECIPE

1. 슬라이스한 곡물빵은 그릴팬에 그릴 자국이 나도록 구운 다음 버터를 발라 준비한다.

2. 구운 잡곡빵 위에 슬라이스한 브리 치즈 3쪽을 켜켜이 올리고, 그 위에 슬라이스한 사과를 켜켜이 올리고, 꿀을 약간 뿌린 다음, 다진 호두를 뿌리고, 루콜라를 올리고, 구운 빵으로 다시 덮는다. 꼬치를 끼우거나 반 토막을 내서 상에 낸다.

브리오슈 버거 샌드위치

INGREDIENT

치폴레 칠리 소스

치폴레 칠리 215g(1캔) + 마늘 슬라이스 24g + 마요네즈 480g + 양파 조각 150g + 레몬즙 40g + 백설탕 30g + 소금 2g

빵
브리오슈 번

속재료
구운 소고기 패티

얇게 링슬라이스한 완숙토마토 2쪽 + 소금 약간

얇게 슬라이스한 양파
얇게 슬라이스한 아보카도 2쪽
롤라로사
달걀(특란) 1개
체다 슬라이스 치즈 1장

주디스 케첩

토마토 페이스트 12g + 우스터 소스 2g + 흰 물엿 12g + 사과식초 5g

곁들이
치킨소시지
감자튀김
오렌지 주스

RECIPE

1. 치폴레 칠리, 마늘 슬라이스, 마요네즈, 양파 조각, 레몬즙, 백설탕, 소금을 합해 블렌더에 갈아 치폴레 칠리 소스를 만들고, 냉장 보관한다.

2. 브리오슈 번은 반으로 슬라이스한 다음 팬에 살짝 굽고, 소고기 패티는 그릴팬에 노릇하게 구워 준비한다. 소금을 뿌린 완숙토마토 링 2쪽과 양파, 아보카도 2쪽은 얇게 슬라이스해서 준비한다. 달걀은 서니사이드 업(뒤집지 않고 한쪽 면만 살짝 익힘)으로 준비한다.

3. 구운 브리오슈 위에 치폴레 칠리 소스, 소고기 패티, 체다 슬라이스 치즈, 적양파, 토마토, 아보카도, 롤라로사 순으로 올린 다음 브리오슈로 덮는다.

4. 치킨소시지는 다이아몬드 모양으로 칼집을 내서 데친 다음 굽는다. 치킨소시지, 감자튀김, 오렌지 주스, 직접 만든 주디스 케첩을 곁들여 낸다.

스패니시 초리조 달걀구이

Spanish Omlette with Chorizo

INGREDIENT

달걀물
- 왕란 2개
- 생크림 48g
- 소금 0.5g
- 후추 .... 약간

삶기
- 작은 감자 1개 92g
- 물, 소금 .... 약간

지지기
- 사방 1cm 크기로 썬 초리조 30g

채소
- 블랙올리브 3개
- 작은 방울토마토 3개
- 사방 0.5cm로 썬 청피망 + 빨강 파프리카 + 노랑 파프리카 15g
- 사방 0.5cm로 썬 적양파 ... 20g

마무리
- 다진 파슬리 .... 약간

RECIPE

1. 왕란은 손거품기로 풀어주면서 생크림, 소금, 후추를 넣고 완전히 푼다.

2. 작은 감자는 껍질째 깨끗이 씻은 다음 사방 1cm 크기로 썰어 재료가 잠길 정도의 물에 소금을 넣고 5분간 삶은 다음 체에 건져둔다.

3. 팬에 초리조와 삶은 감자를 넣고 굽는다. 이때 초리조가 노릇해지면서 나오는 기름으로 감자도 노릇하게 지져낸 다음 키친타월에 기름을 뺀다.

4. 1인용 오븐 용기에 지져낸 감자를 깔고, 풀어둔 달걀물을 부은 다음 230도로 예열한 오븐에 5분간 익힌다. 노릇하게 익힌 초리조와 준비한 채소를 보기 좋게 올려 5분간 더 익혀낸 다음 다진 파슬리를 뿌려 낸다.

아보카도 베이컨 에그슬럿

Avocado Bacon Eggslut

INGREDIENT

지지기
베이컨 1줄

빵
5-6cm 통식빵 한 마디
버터 15g

달걀 스크램블

달걀물: 달걀 2개 + 우유 15g + 설탕 약간 + 소금 약간

버터 .... 약간
올리브유 .... 약간

소스

연유 18g + 마요네즈 15g + 스리라차 8g + 타바스코 약간

속재료
아보카도 슬라이스 2쪽

마무리

꿀마요: 꿀 18g + 마요네즈 23g (너무 달면 조절)

소스병에 담은 플레인 요거트
올리브유 .... 약간

RECIPE

1. 팬에 베이컨을 노릇하게 지진 다음 기름을 뺀다.

2. 1의 팬을 닦아낸 다음 버터를 두르고, 주머니처럼 벌려지도록 반만 자른 식빵을 앞뒤로 노릇하게 지진다.

3. 다시 2의 팬을 닦아내고 버터, 올리브유 달걀물 섞은 것을 70% 정도만 익도록 스크램블 한다.

4. 구운 빵 속에 소스를 바르고 아보카도 슬라이스를 2개 끼운 다음 스크램블, 베이컨, 치즈 순으로 끼운 뒤 꿀마요와 플레인 요거트를 전체적으로 뿌려 낸다.

아보카도 판 콘 토마테

Pan Con Tomate con Aguacate

INGREDIENT

빵
0.5cm로 슬라이스한 사워도우 1쪽

마늘올리브유
마늘 50g
올리브유 100g

토마토 스프레드
완숙토마토 100g
마늘올리브유 15g
천연 설탕 3g

속재료
길게 반 가른 큰 아보카도 1/2개

마무리
레드페퍼 플레이크, 마늘올리브유 약간

RECIPE

1. 슬라이스한 사워도우는 그릴팬에 토스트한다.

2. 마늘을 올리브유에 약불로 노릇하게 구워서 마늘올리브유를 만든다.

3. 완숙토마토를 블렌더에 갈아 마늘올리브유 15g과 천연 설탕을 섞어 토마토 스프레드를 만든다.

4. 길게 반 가른 아보카도는 껍질을 벗기고 엎어서 얇게 슬라이스하고 살짝 눌러 펼쳐 준비한다.

5. 구운 사워도우 위에 토마토 스프레드, 아보카도 썬 것, 구운 마늘을 순서대로 올리고, 레드페퍼 플레이크와 마늘올리브유를 살짝 뿌려서 낸다.

TIP 토마토 색이 연하고 달지 않을 경우에는 완숙토마토 204g, 토마토 페이스트 5g, 소금 2g, 백설탕 4.5g을 넣고 간 다음 마늘올리브유 15g을 섞어 토마토 스프레드를 만든다.

어니언피클 불고기 샌드위치

Bulgogi Sandwich with Pickled Onions

INGREDIENT

어니언피클
- 양파 1개
- 적양파 1/2개

물 100g + 사과식초 50g + 백설탕 30g + 소금 2.5g + 피클링 스파이스 1.5g

에그레트 소스

80% 휘핑한 생크림 80g + 플레인 요거트 35g + 케첩 6g + 다진 생타라곤 1g + 다진 케이퍼 6g + 다진 코니숑 6g + 다진 차이브 1g, 레몬즙 7.5g + 코냑 7.5g + 타바스코 소스 약간 + 소금 약간 + 후추 약간

서양식 불고기
- 불고기용 소고기 200g
- 링슬라이스한 양파 48g
- 슬라이스한 양송이 60g

시판용 우스터 소스 32g + 리엔페린 4g + 소금 1.5g + 후추 약간

빵
- 감자 포카치아 1개

속재료
- 상추
- 얇게 링슬라이스한 완숙토마토 2개

곁들이
- 소시지구이
- 감자튀김

RECIPE

1. 양파, 적양파를 얇게 링슬라이스해서 소독한 병에 담는다. 물에 사과식초, 백설탕, 소금, 피클링 스파이스를 넣고 강불에 끓이고, 끓어오르면 약불로 줄여 총 5분간 끓인 다음 그대로 양파에 붓고, 미지근하게 식힌 다음 냉장고에 숙성시켜 어니언피클을 완성한다.

2. 80% 정도 휘핑한 생크림, 플레인 요거트, 케첩, 다진 생타라곤, 다진 케이퍼, 다진 코니숑, 다진 차이브를 넣고, 여기에 레몬즙과 코냑, 타바스코 소스 약간, 소금과 후추 약간씩을 넣어 에그레트 소스를 만든다.

3. 불고기용 소고기, 양파, 양송이, 우스터 소스, 리엔페린, 소금, 후추를 넣어 주무르고, 강불에 달궈놓은 팬에 물기 없이 볶는다.

4. 반으로 저며서 그릴 자국을 내며 구운 포카치아에 스프레드 소스(에그레트 소스)를 바르고, 상추, 완숙토마토 2개, 불고기, 어니언피클을 순서대로 올린다. 마지막으로 스프레스 소스를 바른 빵으로 덮고, 2조각을 내서 제공한다.

5. 데친 뒤 다이아몬드 칼집을 내서 구운 소시지, 감자튀김을 곁들이로 함께 낸다.

TIP 에그레트 소스는 연어 스테이나 연어 샌드위치, 채소 샐러드 소스로 활용한다.

자장면

Black Bean Noodles

INGREDIENT

춘장 볶기
식용유 15g + 춘장 50g

소스
간장 4g + 미림 7.5g + 천연 설탕 4g + 꿀 5g + 굴소스 9g + 청주 15g

밑간
돼지등심 200g

청주 12g + 다진 생강 1g + 후추 약간

채소 볶기
맛기름 8g
잘게 깍둑썬 양파 400g
맛기름 4g
잘게 깍둑썬 당근 38g

굽기
춘장 기름(혹은 맛기름) 12g
다진 마늘 10g
건청양고추 1/2개

끓이기
육수 재료: 비프스톡 1g + 물 150g
녹말물: 감자전분 7.5g + 물 12g

생면(중화면) 삶기
생면

식용유 + 소금 + 물

마무리
식초, 고춧가루 .... 약간

RECIPE

1. 춘장은 팬에 식용유를 붓고 강불에 데워주다 끓기 시작하면 약불로 줄여 7분간 볶아주고, 그대로 식혀 볶은 춘장을 만든다. 밀폐용기에 춘장을 볶았던 기름과 함께 담은 뒤 냉장 보관한다.

2. 기름이 분리된 춘장과 소스 재료를 미리 합해둔다. 춘장기름은 따로 보관해둔다.

3. 돼지등심은 사방 0.5cm 크기로 썬 다음 10분간 밑간한다.

4. 달군 팬에 맛기름을 두르고 잘게 깍둑썬 양파를 물기가 없어질 때까지 저어가면서 노릇하게 볶은 다음 꺼내고, 다시 이 팬에 맛기름(4g)을 두르고 잘게 깍둑썬 당근을 충분히 볶아준 다음 꺼내어 볶은 양파와 합해준다.

5. 4에서 썼던 팬에 춘장기름, 다진 마늘, 가위로 씨째 잘게 자른 건청양고추를 넣고, 밑간해놓은 돼지등심을 노릇하게 구워주듯 익히다가, 2를 부어 맛이 배도록 뚜껑을 닫은 다음 중불에 끓여준다.

6. 5에 육수 재료를 섞은 것을 붓고 뚜껑을 닫고 강불에 끓이고, 끓어오르기 시작하면 중불로 줄여 4분간 더 끓인 후, 4를 넣고 그대로 2분간 더 끓인다.

7. 6에 녹말물을 넣어 농도가 생기도록 한다.

8. 생면의 전분을 털어내고, 끓는 물에 식용유와 소금을 넣고 면을 삶아 그대로 건져 완성 그릇에 담고, 7을 적당량 얹고 삶은 감자를 올려 낸다.

9. 기호에 따라 식초와 고춧가루를 뿌려 먹는다.

TIP — **감자 삶기:** 감자는 껍질을 까서 2~4조각 낸 다음, 감자가 잠길 만큼 넉넉한 물에 소금을 약간 넣고 강불에 끓이고, 끓어오르면 중불로 줄여 삶는다. 감자가 익으면 물을 버리고 냄비를 흔들어 감자가 포슬포슬해지도록 한 뒤 키친타월로 덮고 뚜껑을 덮어두는 것이 좋은데, 수분이 감자에 침투하지 못해서 포슬포슬한 감자 맛이 좀 더 오래 유지된다.

장어덮밥

INGREDIENT

졸이기

초벌구이한 장어 1마리 ····· 200~250g

양념: 천연 설탕 15g + 간장 15g + 미림 15g + 청주 15g

졸이기(2)

| 흰 파채 | 40g |
| 채썬 우엉 | 70g |

양념: 쯔유 45g + 천연 설탕 15g + 물 200g

달걀물: 달걀 2개 + 소금 약간 + 후추 약간

RECIPE

1. 장어는 껍질 쪽에 잔칼집을 낸 다음, 달궈진 팬에 껍질 쪽이 바닥에 닿게 앞뒤로 살짝 초벌구이를 한다.

2. 장어를 구웠던 팬에 졸이기 양념 재료를 넣고 끓이고, 끓기 시작하면 초벌구이를 한 장어를 살 쪽부터 넣고 앞뒤로 국물 없이 졸이고, 1~1.5cm 크기로 토막 낸다.

3. 흰 파채는 바락바락 씻어 물에 담갔다 사용하고, 우엉은 채를 썰어 식초물에 담갔다가 사용 전에 헹군 다음 체에 물기를 뺀다.

4. 다른 팬에 졸이기2 양념을 넣고, 우엉을 넣은 다음 중불에 국물이 없어지도록 5분 정도 졸이고, 2를 넣고 살짝 어우러지게 졸여주다 불을 끈다.

5. 4 위에 흰 파채를 군데군데 올리고, 소금, 후추를 넣고 풀어둔 달걀물을 덮듯이 뿌려주고, 약불에 서서히 반숙되도록 익힌다.

6. 준비한 1인용 그릇에 따뜻한 밥을 담고, 그 위에 5를 올려 낸다.

TIP 우리가 복날에 삼계탕을 먹고 기력을 보충하듯, 일본에서는 더위를 물리치는 날에 민물장어(우나기)로 우나기동(장어덮밥)을 만들어 먹는다.

적채피클 수비드치킨 샌드위치

Sous Vide Chicken Sandwich with Pickled Red Cabbage

INGREDIENT

적채피클
채썬 적배추

피클물: 물 200g + 사과식초 100g + 백설탕 40g + 소금 4g + 피클링 스파이스 2g

스테이크 소스
드라이 레드 와인 ………… 200g

시판용 돈가스 소스 200g + 버터 15g + 천연 설탕 6g

수비드 닭가슴살
우유 ………… 약간

소금 + 후추 + 양파즙 약간 + 화이트 와인

로즈마리 ………… 약간
마늘올리브유 ………… 약간

빵
샌드위치용으로 썬 사워도우 … 2장

속재료
얇게 슬라이스한 완숙토마토 링 2개
상추 ………… 약간
고다 슬라이스 치즈 ………… 1장

RECIPE

1. 물에 씻어 엎어서 물기와 심지를 제거하고 곱게 채썬 적배추를 소독병에 담고, 피클물 재료를 모두 섞어 강불에 끓인다. 끓어오르면 약불로 줄여 5분간 끓인 다음 적채에 붓고, 그대로 미지근하게 식힌 다음 냉장고에 넣어 숙성시킨다.

2. 드라이 레드 와인을 양이 절반으로 줄도록 강불에 졸인 후, 돈가스 소스, 버터, 천연 설탕을 넣고 한소끔 끓여 스테이크 소스를 만든다.

3. 닭가슴살은 우유에 재운 다음 씻어 물기를 제거하고, 소금, 후추, 양파즙, 화이트 와인에 밑간하고, 마지막에 로즈마리를 넣어 밀봉한다. 밥통에 물을 붓고 1시간 데운 다음, 닭가슴살을 넣고 2시간 동안 데운다.

4. 3을 꺼내고, 팬에 마늘올리브유를 약간 넣어 노릇하게 익혀준다.

5. 사워도우는 그릴팬에 구운 다음 버터를 바른다.

6. 사워도우, 상추, 고다 치즈, 닭가슴살, 스테이크 소스 약간, 토마토 링, 적채피클, 사워도우 순으로 샌드위치를 만들고, 반으로 썰어 올린다.

제노베제 파스타

INGREDIENT

제노바식 바질 페스토

잣 30g + 마늘 2알 +
간 파르마지아노 치즈 30g +
고운 소금 2.5g + 후추(약간) +
올리브유 100g

생바질 50g

삶기

감자 50g
파스타면(1인분) .... 80~100g

끓는 물 2000g + 천일염 26g

가는 아스파라거스(혹은 껍질콩) 50g

파스타 시즈닝

다진 양파 20g + 바질 페스토 40g +
간 파르마지아노 레지아노 치즈 15g
+ 올리브유 15g

마무리

바질잎, 파르마지아노 레지아노 치즈,
후추 .... 약간

RECIPE

1. 블렌더에 바질 페스토 재료를 넣고 입자가 거칠도록 갈아주고, 바질을 넣고 가볍게 더 간다.

2. 끓는 물에 소금을 넣고, 깍둑썰기한 감자를 체에 넣고 5분간 삶은 뒤 건져서 볼에 담는다.

3. 동시에 파스타면을 끓는 물에 8분간 삶되, 1분을 남겨놓고 4~5cm 길이로 토막 낸 가느다란 아스파라거스를 넣어 데치고, 면과 아스파라거스를 한꺼번에 체로 옮긴다. 이때 면수는 그대로 냄비에 보관한다.

4. 삶은 감자를 담은 볼에 파스타 시즈닝 재료를 넣어 주걱으로 자연스럽게 으깨주고, 면수를 넣어 묽으면서도 촉촉하게 농도를 맞춰준다.

5. 여기에 삶은 아스파라거스와 파스타를 넣고, 다시 파스타 삶은 냄비에 올려 저어가며 중탕하되, 면에 소스가 잘 달라붙도록 섞어서 완성 접시에 담는다.

6. 파스타에 바질잎, 파르마지아노 레지아노 치즈, 후추를 뿌려 상에 낸다.

TIP 전통식 제노베제 바질 페스토는 작은 대리석 절구에 갈아 만들기 때문에 바질 본연의 색이 살아 있다. 블렌더에 갈면 열이 발생해서 바질의 색깔이 변하기 쉬운데, 최대한 빠른 시간 안에 갈아야 변색이 적다.

참치 토마토 소스 리가토니

Tuna Tomato Rigatoni

INGREDIENT

삶기
리가토니	150g

물 1500g + 천일염 15g

올리브유 약간

볶기

올리브유 20g + 마늘 14g

양파	100g
페페론치니	0.5g
케이퍼	5g
안초비	3g
캔참치	75g
화이트 와인	25g
대추토마토	100g

파스타 시즈닝

다진 양파 20g + 바질 페스토 40g + 간 파르마지아노 레지아노 치즈 15g + 올리브유 15g

끓이기
홀토마토	167g
치킨스톡	0.5g
토판염	1.5g
후추	약간

마무리
생바질잎(혹은 바질가루),
파르마지아노 레지아노 치즈,
올리브유, 후추 ... 약간

곁들이
식사용 빵

RECIPE

1. 리가토니는 끓는 물에 천일염을 넣고 13분간 삶은 뒤 올리브유에 버무려둔다.

2. 팬에 올리브유와 칼등으로 누른 마늘을 넣고 약불에 충분히 향이 나도록 볶고, 사방 2cm 크기로 깍둑썰기한 양파, 페페론치니, 케이퍼, 잘게 다진 안초비를 넣고 중약불에 양파가 투명해질 때까지 충분히 볶아준다.

3. 2에 기름을 빼둔 참치와 화이트 와인을 넣고, 살짝 끓어오르면 반 토막 낸 대추토마토를 넣고 살짝 볶는다.

4. 3에 으깬 홀토마토와 치킨스톡을 넣어 중불에 끓여주고, 끓어오르면 토판염과 후추로 간을 맞춘 뒤, 삶은 리가토니를 넣고 불을 끈다.

5. 그릇에 담고 바질잎 혹은 바질가루, 파르마지아노 레지아노 치즈, 올리브유, 후추를 뿌리고, 식사용 빵과 함께 낸다.

TIP 이탈리아인들이 참치캔을 이용해 간단하게 즐겨 해 먹는 파스타 요리다.

치라시즈시

Chirasizushi

INGREDIENT

생연어 밑간
생연어	200g
소금, 후추	약간

훈제연어 밑간
훈제연어 슬라이스	120g
레몬즙	약간

중하새우 밑간
중하새우	10마리

화이트 와인 +
재료가 잠길 정도의 물 + 셀러리잎
현미식초 5g + 백설탕 4g

부재료
달걀	2개
연근	100g
현미식초	45g
백설탕	24g
구운 소금	7g

초대리:
연어알 + 간장 약간 + 청주 약간
날치알
취청오이 200g + 소금 5g
흰 파 15cm

밥 짓기
쌀	3컵
물	470g
다시마	10g
청주	15g
미림	30g

RECIPE

1. 생연어는 소금과 후추로 간간하게 밑간한 뒤 그릴 혹은 에어프라이어에 노릇하게 굽고, 키친타월에 싸서 보슬보슬하게 만들고, 훈제연어는 3cm 길이로 토막 내서 레몬즙에 밑간한다.

2. 중하새우는 머리와 껍질을 제거해 준비하고, 화이트 와인과 셀러리잎을 넣은 물이 끓어오르면 새우를 넣고, 새우 색깔이 반 정도 하얗게 변하면 불을 끄고 뚜껑을 닫고, 5분 뒤에 건져내 현미식초와 백설탕으로 밑간한다.

3. 달걀은 풀어 체에 내린 뒤 지단을 부쳐 얇게 채썰고, 껍질을 벗겨 얇게 썬 연근은 끓는 물에 데쳐 초대리 약간에 버무린다.

4. 연어알은 사용 전까지 간장 약간, 청주 약간에 밑간하고, 날치알은 체에 거즈를 깔고 올려서 차갑게 보관한다.

5. 취청오이는 얇게 썰어서 10분간 소금에 절인 뒤 가볍게 물에 헹궈 거즈에 둘둘 말아 짜고, 파는 잘게 채썰어 찬물에 여러 번 헹군 다음 물기를 제거해둔다.

6. 쌀은 가볍게 씻어 체에 옮겨 30분간 불린 다음, 물, 다시마, 청주, 미림과 함께 전기밥솥에서 쾌속(16분) 모드로 밥을 한 뒤, 남은 초대리를 넣어가며 밥을 주걱으로 자르듯 섞어주다가, 1의 구운 연어 소보로와 골고루 섞는다.

7. 그릇에 6을 담고, 훈제연어, 새우, 지단채, 연근, 연어알, 날치알, 오이, 파채를 보기 좋게 뿌리듯 올려낸다.

TIP 종이쪽지를 속되게 이르는 말 '찌라시'의 어원이기도 한 일본어 '치라시'는 '흩뿌린다'라는 뜻이다. 치라시즈시는 식초로 양념한 밥 위에 다양한 재료를 흩뿌리듯 올려 먹는 요리로, 가정식 또는 손님 초대 요리로 인기가 많다.

칙피 새우칠리 토마토 수프

Tomato Soup with Chick Peas, Shrimp and Chillies

INGREDIENT

토마토 소스
- 올리브유 15g
- 완숙토마토 3개 600g
- 캔홀 토마토 50g

볶기
- 올리브유 15g
- 다진 마늘 14g
- 사방 0.5cm로 썬 양파 70g
- 당근 50g
- 페페론치니 2개
- 부순 치킨스톡 8.5g
- 껍질 깐 중하새우 100g

끓이기
- 뚜껑을 따놓은 캔칙피 400g
- 포토 와인 15g
- 생완두콩 50g
- 소금, 후추 .... 약간

마무리
- 치즈, 다진 파슬리 .... 약간

RECIPE

1. 완숙토마토는 끓는 물에 데쳐서 껍질을 벗긴 후 4조각 낸 뒤 눌러서 씨를 짜내고, 팬에 올리브유와 씨 뺀 토마토를 순서대로 넣어 볶는다.

2. 1에 적당히 주물러 부순 캔홀 토마토를 넣고 강불에 끓이고, 끓어오르면 약불로 줄여 10분간 더 끓인다.

3. 웍에 올리브유와 다진 마늘을 넣고 중약불에 향이 올라오도록 볶아주고, 여기에 잘게 썬 양파와 당근, 페페론치니를 순서대로 넣어 볶다가, 부순 치킨스톡을 넣고 볶아주고, 새우를 넣고 하얗게 색깔이 변할 때까지 볶는다.

4. 3에 2와 캔 헹군 물, 캔칙피를 넣고 강불에 끓이고, 끓어오르면 약불로 줄여 포토 와인을 넣고 5분간 저어가면서 끓여주다가, 생완두콩을 넣고 약불에 2분간 끓이고, 마지막으로 소금과 후추로 간을 맞춘다.

5. 1인용 그릇에 담은 뒤 치즈, 다진 파슬리를 뿌려 낸다.

카프레제 파스타

Caprese Pasta

카프레제의 기본이 되는 세 가지 재료(빨갛게 익은 토마토, 생모차렐라 치즈, 향긋한 바질)는 이탈리아 사람들에게 가장 사랑받는 식재료다. 이탈리아 유학 시절 이탈리아 남부의 소도시를 여행하며 다양한 버전의 모차렐라 치즈를 맛보았는데, 그중 최고는 단연 물소 젖으로 만든 모차렐라 디 부팔라 캄파냐(Mozzarella di Bufala Campana)였다. 별다른 양념을 하지 않았는데도 그 자체만으로 어찌나 신선하고 고소하고 맛이 좋은지, 지금까지도 그 감동이 생생하다.

아래 레시피는 카프레제 샐러드에서 착안해 만든 것으로, 요리하기도 쉽고 색감도 훌륭해 손님 초대 요리로도 손색이 없다. 입맛 없는 더운 여름에 시원한 스파클링 와인과 함께하면 더할 나위 없이 좋은 카프레제 파스타 레시피를 소개한다.

INGREDIENT

삶기
- 숏파스타(오레끼에떼) 150g
- 물 1000g + 소금 12g
- 부팔라 치즈(=생모차렐라 치즈) 1덩이
- 바질 10장

볶기
- 올리브유 30g
- 마늘 30g
- 대추토마토 250g
- 토판염 1g
- 후추 약간

마무리
- 올리브유 15g
- 채썬 바질 약간

RECIPE

1. 숏파스타는 끓는 물에 굵은 소금을 넣고 삶는다.

2. 부팔라 치즈 혹은 생모차렐라 치즈를 사방 1cm 크기로 썰어 커다란 볼 안에 넣어두고, 바질잎은 채를 썰어 치즈에 버무려둔다.

3. 팬에 굵게 으깬 마늘과 올리브유를 넣고 약불에 충분히 향을 내며 굽다가, 반 토막 낸 대추토마토를 넣고 중불로 올려서 포크로 살짝 으깨어 볶아주고, 토판염과 후추로 간을 한다.

4. 커다란 볼에 조리해둔 파스타와 토마토를 넣고 골고루 섞어준다.

5. 완성 접시에 담고, 올리브유와 채썬 바질을 뿌려 마무리한다.

TIP 잘 익은 토마토를 약간씩 으깨면서 과즙을 내서 볶아준다. 이때 토마토가 충분히 뜨거울 때 바질과 치즈를 넣어야 바질의 향이 토마토, 치즈와 잘 어우러진다.

크로와상 햄 샌드위치

Croissant Ham Sandwich

INGREDIENT

빵
크로와상 1개

감자튀김 드레싱
잘게 깍둑썬 빨강 파프리카
주황 파프리카, 노랑 파프리카
잘게 깍둑썬 청피망
잘게 깍둑썬 적양파
셰리 식초
소금, 후추 .... 약간

속재료
등심햄 적당량
체다 슬라이스 치즈 2장
베이컨 2장
얇게 슬라이스한 완숙토마토 ... 2쪽
슬라이스한 아보카도 2쪽
롤라로사 혹은 상추 .... 약간

곁들이
원형소시지구이
감자튀김

RECIPE

1. 크로와상은 반으로 슬라이스하고, 베이컨은 그릴팬에 종이호일을 깐 다음 노릇하게 굽는다. 원형소시지는 끓는 물에 데쳐 팬에 굽는다. 잘게 깍둑썬 파프리카와 청피망, 적양파 위에 소금, 후추를 넣은 셰리 식초를 부려 감자튀김 드레싱을 준비한다.

2. 크로와상, 체다 슬라이스 치즈 1장, 등심햄, 체다 슬라이스 치즈 1장, 베이컨, 아보카도, 토마토, 롤라로사 혹은 상추, 크로와상 순으로 올리고 꼬치를 끼워 낸다.

3. 원형소시지구이, 감자튀김을 곁들이로 함께 낸다.

파에야 믹스타
PAELLA MIXTA

INGREDIENT

볶기(1)
암꽃게 2마리, 아귀 1마리(700g-1kg)
올리브유 ... 10g씩
코냑 ... 15g씩(플람베)
화이트 와인 ... 50g씩

볶기(2)
해감한 모시조개 ... 400g
껍질홍합 ... 270g
올리브유 ... 10g
코냑 ... 15g씩(플람베)
화이트 와인 ... 100g

데치기
중하새우 12마리, 고명용 새우 5마리,
오징어 몸통 1마리분

물 500g + 화이트 와인 30g +
셀러리잎 약간

농축 해물육수
올리브유 ... 15g
꽃게 뚜껑과 자투리, 새우 머리와 껍질
코냑 ... 15g씩(플람베)
마늘 14g, 양파 170g, 당근 100g,
셀러리 60g
화이트 와인 ... 100g

물 500g + 토판염 1g

볶기(3)
초리조소시지 100g, 북채살
4개(혹은 닭가슴살 2개), 양파 100g,
사프란(핀치), 아르보리오 600g,
생표고 30g, 파프리카 파우더 1g

끓이기
청피망 ... 60g
노랑, 빨강, 주황 파프리카(총 100g)
대추토마토 2-4조각 ... 200g
완두콩 ... 150g

마무리
레몬, 바질잎, 바질 페스토(선택),
아이올리 소스 ... 약간

RECIPE

1. 암꽃게는 손질해서 한입 크기로 토막 내고, 아귀는 꼬리 쪽 중심으로 토막 내서 자투리는 보관한다. 꽃게와 아귀를 각각 올리브유에 볶다가 코냑으로 플람베 후 화이트 와인을 넣어 볶고 체로 옮긴다. 이때 체 밑에 그릇을 두어 육즙을 받아둔다.

2. 중하새우는 껍질을 벗기고, 오징어 몸통은 껍질을 벗긴 후 링슬라이스한 다음, 셀러리잎과 화이트 와인을 넣은 물에 중하새우, 고명용 새우, 오징어 몸통을 각각 데쳐서 체로 옮긴다. 역시 체 밑에 그릇을 두어 육수를 받아둔다.

3. 해감한 모시조개, 껍질홍합을 올리브유에 볶다가 코냑으로 플람베하고, 화이트 와인을 넣고 살짝 볶은 후 체로 옮긴다. 이때도 체 밑에 그릇을 두어 육즙을 보관한다. 모시조개와 홍합은 한쪽 껍질만 제거한다.

4. 꽃게 뚜껑과 자투리, 새우 머리와 껍질을 올리브유로 볶다가 코냑으로 플람베하고, 이어 칼등으로 누른 마늘, 사방 1cm로 썬 양파와 당근, 1cm 길이로 토막 낸 셀러리를 볶는다. 화이트 와인을 넣어 한 번 더 볶은 다음 물과 토판염을 넣어 강불에 끓이고, 끓기 시작하면 뚜껑을 열고 중불로 줄여 15분간 끓인 뒤 체로 옮긴다.

5. 청피망은 사방 1.5~2cm로 썰고, 대추토마토는 데친 뒤 껍질을 벗기고, 완두콩은 데친다. 초리조소시지와 생표고는 사방 1cm 크기로 썰고, 북채살은 껍질을 벗기고 사방 1cm로 토막 내고, 양파는 잘게 썬다.

6. 파에야 팬에 초리조소시지를 넣고 중약불에 기름이 나오도록 노릇하게 볶고, 북채살을 넣고 노릇하게 지진 다음 잘게 썬 양파와 사프란을 넣어 볶고, 양파가 투명해지면 아르보리오 쌀을 넣고 고슬고슬하게 볶는다.

7. 쌀이 고슬고슬해지면 생표고와 파프리카 파우더를 넣어 살짝 볶고, 체로 걸러 모아둔 육수를 바닥을 긁어주며 부은 다음, 중불에 뚜껑을 닫고 육수가 그대로 흡수되도록 둔다.

8. 7에 모시조개와 홍합, 고명용 새우를 제외한 해물을 모두 넣어 훌훌 섞어준 뒤 약불에 뜸 들이듯 10분간 익히고, 청피망, 각종 파프리카, 대추토마토, 완두콩을 넣고 바닥까지 골고루 섞어준 다음 다시 중불에 2분간 더 익힌다.

9. 꽃게, 아귀, 오징어, 고명용 새우를 보기 좋게 올려 다시 2분간 뜸을 들이고, 웨지 모양으로 썬 레몬, 바질잎, 아이올리 소스를 올려 완성한다.

TIP 국산 쌀을 사용할 경우 시중에서 구할 수 있는 씻어 나온 쌀 혹은 일반 쌀을 씻어 체에 30분 이상 두고 조리한다. 스페인의 발렌시아 지방은 쌀농사로 유명하다. 농부들의 향토 요리로 유명했던 파에야가 스페인 전역으로 퍼지면서 각 지역의 특산물을 이용한 다양한 파에야 요리가 등장했다. '파에야 믹스타'는 두 가지 맛이 섞였다 해서 붙은 이름이다.

팟파이

Pot Pie

INGREDIENT

볶기
올리브유	8g
다진 소고기	100g
다진 마늘	8g
다진 양파	75g
웨지로 썬 양송이	75g
코냑(플람베)	15g

끓이기
촙바질토마토 캔	200g
고추 플레이크	1g
오레가노 플레이크	약간
토판염	약간
후추	약간
물	50g
비프스톡	1g
토판염	2.5g
우스터 소스	5g
브로콜리	80g
천연 설탕	1g
생모차렐라 치즈	160g

굽기
시판 사각 파이지	
달걀물	약간

RECIPE

1. 달궈진 팬에 올리브유와 다진 소고기를 넣어 볶고, 고기가 절반 정도 익은 듯하면 다진 마늘, 다진 양파, 웨지로 썬 양송이를 노릇하게 볶고, 코냑으로 플람베한다.

2. 1에 촙바질토마토 캔, 고추 플레이크, 오레가노 플레이크, 토판염, 후추를 넣고 약불에 3분간 끓여준 다음, 물, 비프스톡, 토판염, 우스터 소스, 작은 송이로 잘라 삶은 브로콜리, 천연 설탕을 넣고 맛이 배어들도록 3분간 약불에 끓여준 뒤 한 김 식히고, 사방 2cm로 썰어둔 생모차렐라 치즈를 섞는다.

3. 램킨볼(오븐용 용기)에 2를 적당량 담고, 밀대로 밀어 펴놓은 파이 반죽으로 그 위를 덮은 후, 파이 반죽 윗면에 달걀물을 바르고, 반죽 가운데에 칼집으로 공기구멍을 어슷하게 내준다.

4. 200도로 예열한 오븐에 10-12분간 구워 완성한다.

TIP 팟파이는 팟(pot)에 스튜를 담아 파이로 감싼 요리다.

필리 치즈 샌드위치

Philly Cheese Sandwich

INGREDIENT

소고기 밑간
간 소고기 450g

양념: 깍둑썰기한 양파 100g + 슬라이스한 양송이 150g + 우스터 소스 75g + 발사믹 식초 10g + 소금 3.5g + 후추 약간

볶기
올리브유 20g
코냑(플람베) 75g
양파 200g
우스터 소스 10g
발사믹 식초 10g
소금, 후추, 타임 .... 약간

굽기
식사용 빵
슬라이스한 모차렐라 치즈

곁들이
오이피클
할라피뇨

RECIPE

1. 소고기에 밑간 양념을 넣어 버무려 재워둔 다음, 달궈진 팬에 올리브유 10g을 두르고 보슬보슬하게 볶다가, 코냑으로 플람베하고 덜어둔다.

2. 고기를 볶은 팬에 링썰기한 양파를 넣고 올리브유 10g, 우스터 소스, 발사믹 식초, 소금, 후추, 타임을 넣어 살짝 볶아낸다.

3. 식사용 빵은 반을 갈라 가볍게 버터를 발라서 달궈진 팬에 엎어 살짝 굽고, 빵 속에 슬라이스한 모차렐라 치즈 조각을 올리고, 그 위에 1과 2를 올리고, 다시 모차렐라 치즈를 올린 뒤 나머지 빵으로 덮고, 그대로 종이 호일에 싼다.

4. 220도로 예열된 오븐에 10분간 구워서 낸다.

5. 접시에 보기 좋게 담아낸다.

TIP '필리'는 미국 필라델피아 사람들이 자기 고장을 줄여 부르는 말이다. 원래는 얇게 썬 소고기를 볶아 잭 치즈 혹은 모차렐라 치즈를 살짝 녹여 긴 빵 속에 싸 먹는다.

해산물 잡채

Seafood Japchae

INGREDIENT

데치기
껍질 벗긴 몸통 오징어	350g
키조개 관자	250g
중하새우	240g

재료가 잠길 정도의 물 + 셀러리(잎 혹은 줄기) + 화이트 와인 약간

밑간
시판 맛간장 50g + 참기름 16g + 다진 마늘 6g

해물류 볶기
맛기름	5g

채소
도라지	200g
맛기름, 소금, 후추	약간
취청오이	60g
맛기름, 토판염	약간
당근	70g
토판염	1g
맛기름, 후추	약간
양파	130g
쪽파	80g
맛기름	5g
소금, 후추	약간
청피망	30g
청고추	30g
빨강 파프리카	55g
맛기름	5g
소금, 후추	약간
생표고	10개
팽이	1봉
맛기름	5g
소금, 후추	약간

마무리
통깨	약간

RECIPE

1. 오징어는 가늘게 링 모양으로 썰거나 칼집을 내 썰고, 키조개 관자는 질긴 막을 제거한 다음 링슬라이스하고, 중하새우는 껍질을 벗겨 살만 준비한다.

2. 셀러리잎 혹은 줄기, 화이트 와인을 재료가 잠길 정도의 물을 넣고 끓이다, 끓기 시작하면 새우, 관자, 오징어 순으로 데친 후 건져서 시판맛 간장, 참기름, 다진 마늘에 밑간한다.

3. 세게 달군 팬에 맛기름을 두르고 2를 살짝 익히다 체에 받쳐 국물을 모은다. 이 국물을 다시 팬에 옮겨 졸인 뒤 해물도 다시 옮겨 볶아준다.

4. 도라지는 6~7cm 길이로 채썬 뒤 소금을 넣고 주물러 그대로 끓는 물에 데치고, 찬물에 헹궈 짜고, 맛기름에 가볍게 볶아주다 소금과 후추로 간한 다음 펼쳐서 식힌다. 취청오이는 돌려깎은 뒤 껍질 부분을 채로 썰고, 소금에 10분간 절인 다음 꼭 짠 뒤 맛기름에 살짝 볶아 펼쳐 식힌다. 당근은 토판염에 10분간 절여 그대로 꼭 짠 뒤 맛기름을 약간 넣고 살짝 볶고, 후추로 간한 다음 펼쳐서 식힌다. 채썬 양파와 6~7cm 길이로 토막 낸 쪽파는 맛기름에 볶다 소금, 후추 약간으로 간한다. 청피망, 청고추, 빨강 파프리카는 채썰고 맛기름에 볶다가 소금, 후추로 간한다.

5. 생표고는 채를 썰어서 맛기름에 숨이 죽도록 살짝 볶다가 소금, 후추로 간하고, 이어 팽이버섯을 넣고 가볍게 섞듯 볶으면서 소금, 후추로 간한 다음 펼쳐서 식힌다.

6. 당면은 끓는 물에 소금, 식용유를 넣고 8분간 삶아 찬물에 헹군 다음, 가위로 적당히 토막 내서 체로 옮겨 물기를 빼고, 팬에 옮겨 맛기름과 시판 맛간장, 천연 설탕을 넣고 국물이 없어질 때까지 졸인다.

7. 접시에 졸인 당면을 깔고, 준비된 고명을 올려 내거나 전부 섞어 버무리고, 통깨를 뿌려 마무리한다.

해산물 파스타

Seafood Pasta

INGREDIENT

삶기
파스타면	200g

끓는 물 + 굵은 천일염

올리브유	약간

볶기

올리브유 25g + 칼등으로 누른 마늘 12g + 페페론치니 약간

중간 크기 오징어	1마리
중하새우	6마리
홍합	9개
패주	1개
양송이	40g

끓이기
샴페인	100g
홀토마토	400g
월계수잎	2장
치킨스톡	2g
천연 설탕	6g
버터	5g
바지락	10개

마무리
후추, 다진 파슬리, 파르마지아노 레지아노 치즈	약간

RECIPE

1. 물 1kg당 소금 10g(면의 10%)을 넣은 소금물이 끓으면 파스타면(100g)을 넣고 8분간 삶고, 올리브유에 버무려둔다.

2. 팬에 올리브유, 칼등으로 누른 마늘, 페페론치니를 넣고 약불에 향이 올라오도록 볶다, 링썰기한 오징어, 다리 정리한 중하새우, 홍합, 슬라이스한 패주, 도톰하게 썬 양송이를 넣고 살짝 볶고, 샴페인을 넣고 뚜껑을 닫아 조개 입이 살짝 벌어질 때까지 끓여준다.

3. 홀토마토, 월계수잎, 치킨스톡, 소금, 천연 설탕, 버터를 넣어, 홀토마토를 으깨면서 강불에 20분간 끓여주고, 바지락을 넣고 약불에 5분간 더 끓인다.

4. 상에 내기 직전에 마무리 재료를 뿌려 낸다.

TIP 해산물 조리에서 좀 더 신경써야 하는 부분은 조개를 잘 해감하는 것이다. 보통은 깨끗하게 씻어 바닷물 염도에 검은 비닐 등을 덮어 해감하지만, 햇볕이 들어오는 밝은 곳에서 동전이나 쇠젓가락등을 넣고 2~3시간 해감을 해도 쉽게 해감시킬 수가 있어 주로 후자를 이용하는 편이다.

화이트 소스를 곁들인 연어 사워도우

Salmon with White Sauce on Sourdough

INGREDIENT

연어 준비
스테이크용 연어 .... 180~200g

밑간: 셰리 와인 5g + 소금 약간 + 후추 약간

올리브유

볶기
올리브유 10g
마늘 1개
가는 아스파라거스 50g
꼭지 달린 토마토 .... 3~4개
소금, 후추 .... 약간

홀스래디시 소스
생크림 100g + 홀스래디시 25g + 디종 머스터드 8g + 발사믹 화이트 식초 8g + 토판염 1g + 후추 약간

굽기
달걀물: 우유 50g + 작은 달걀 1개 + 소금 약간
얇게 슬라이스한 로프 브레드 버터 + 올리브유 약간

마무리
송송 썬 굵은 차이브, 후추 .... 약간

RECIPE

1. 연어는 셰리 와인, 소금, 후추에 밑간한 후, 달궈진 팬에 노릇하게 굽다가 꺼내어 휴지한다.

2. 팬에 올리브유와 슬라이스한 마늘을 넣고 살짝 향이 올라오도록 볶고, 가는 아스파라거스, 토마토를 넣고 소금과 후추로 간하며 볶는다.

3. 홀스래디시 소스 재료를 합해 거품기로 살짝 크림화한 후, 1~4시간 동안 냉장 숙성한다.

4. 우유, 달걀, 소금을 푼 뒤 얇게 슬라이스한 로프 브레드를 담갔다 버터와 올리브유를 두른 팬에 앞뒤로 살짝 굽는다.

5. 4 위에 구운 연어를 올리고 아스파라거스와 토마토 볶음, 홀스래디시 소스를 차례대로 올린 다음, 송송 썬 굵은 차이브와 후추를 뿌려 낸다.

TIP 연어에는 오메가3 지방산이 풍부해서 혈액의 중성지방 수치를 낮춰 혈관 건강에 효과적이다. 연어를 팬에 구울 때는 껍질을 먼저 익힌 다음 살코기를 익히는 것이 좋다. 이때 완전히 익히지 말고 80% 정도만 익혀 꺼내서 휴지하면 퍽퍽하지 않고 부드러운 식감의 연어를 즐길 수 있다.

DESSERT & SWEETS

개성 주악

INGREDIENT

집청액

시판 사과 주스 100g + 귤청 30g + 쌀조청 280g + 생강편 20g

꿀 72g

반죽

방앗간 찹쌀가루 145g + 중력분 20g + 시판 멥쌀가루 15g + 백설탕 25g + 소금 약간

막걸리 32.5g
끓는 물 15g

튀기기
식용유

고명
대추채
호박씨

RECIPE

1. 집청액 재료를 합해 냄비에 담아 한소끔 끓여낸 다음, 꿀을 넣어 섞는다.

2. 방앗간 찹쌀가루, 중력분, 시판 멥쌀가루, 백설탕, 소금을 합해 중체에 체를 친 다음, 전자레인지에 따끈하게 데운 막걸리를 넣어 주걱으로 섞고, 끓는 물을 넣어 귓볼의 반죽 상태가 될 때까지 치댄다.

3. 2를 15g씩 나누어 동글게 만든 다음, 볼 가운데를 약지로 돌려가며 눌러 홈을 파준다. 나무젓가락으로 정가운데에 구멍을 낸 다음, 식용유를 바른 접시에 올린다.

4. 기름의 온도가 약 140도일 때 반죽을 넣고 서서히 노릇하게 튀겨내고, 기름을 뺀 뒤 집청액에 1시간 동안 담갔다가 거름망 위에 올려 굳혀준다.

5. 집청액이 충분히 묻은 주악 위에 고명을 올려서 낸다.

TIP 주악은 고려 시대 개성에서 귀한 손님을 접대하거나, 잔칫상을 장식하는 웃기떡(고물 없는 단조로운 떡 위에 올려 장식하는 떡), 이바지떡으로 쓰이던 음식이다. 겉은 바삭하면서도 속은 쫄깃하고 촉촉해서, 최근 젊은이들 사이에서도 인기가 좋다.

곶감 찹쌀 구이

Pan-Fried Dried Persimmon in Sweet Rice

INGREDIENT

전처리
반건시 곶감
방앗간 찹쌀가루

지지기
아보카도유 .... 약간

마무리
마누카꿀
다진 견과류(호두, 잣, 크랜베리, 호박씨, 블루베리 등)

RECIPE

1. 곶감은 반을 갈라 씨를 제거한다. 펼친 곶감 안쪽만 스프레이로 물을 살짝 뿌린 후 찹쌀가루를 듬뿍 꾹꾹 눌러 묻히는 것을 3회 반복한다.

2. 팬에 아보카도유를 뿌리고, 찹쌀가루를 묻힌 부분을 바닥에 밀착시켜서 약불에 서서히 노릇하게 지져낸다.

3. 접시에 지져낸 곶감을 담고 꿀을 뿌린 다음 견과류를 올려 낸다.

TIP 껍질을 벗겨 말린 곶감은 달콤하고 쫄깃한 맛이 일품이며, 베타카로틴, 칼륨, 칼슘, 비타민 C 등이 풍부하다. 곶감에 든 탄닌 성분은 니코틴을 배출하고 숙취를 해소해주며, 중성지방과 콜레스테롤이 혈관에 쌓이는 걸 막아주어 혈관 건강에도 도움을 준다.

그레놀라 요거트

Granola Yogurt

INGREDIENT

그릭 요거트(혹은 플레인 요거트)

그레놀라
오트밀용 귀리	300g
견과류	180g

(굵게 다진 호두, 아몬드 슬라이스, 해바라기씨, 호박씨, 마카다미아 등)

시즈닝 재료: 메이플 시럽 60g + 꿀 50g + 아보카도유 40g + 유기농 설탕 5g + 계피가루 2g + 고운 소금 2g

건과일
건포도, 크랜베리, 건체리, 건무화과, 건망고 등

과일
딸기, 블루베리, 청포도 등

RECIPE

1. 그레놀라 시즈닝 재료는 설탕과 소금이 녹도록 잘 저어준다.

2. 볼에 오트밀용 귀리와 견과류를 넣고 섞어주다, 그레놀라 시즈닝을 부어 골고루 버무리듯 섞어주고, 실리콘 패드를 깐 오븐용 밧드에 펼쳐준다.

3. 130도로 예열된 오븐에 넣고 15분간 굽다 꺼내어 뒤집어 섞어준 뒤, 다시 15분간 굽고 섞어주고, 건포도, 크랜베리, 건체리, 조각 낸 건무화과와 건망고를 섞어 위에 뿌리고 5분간 더 굽고 그대로 완전히 식히고, 밀폐 용기에 담아 보관해둔다.

4. 투명한 유리잔에 그릭 요거트나 플레인 요거트, 그레놀라, 과일을 순서대로 쌓아서 상에 낸다.

TIP 오트밀은 '곡물의 왕' 귀리를 볶은 뒤 거칠게 갈거나 납작하게 눌러 만든다. 그레놀라는 납작하게 누른 귀리에 다양한 견과류, 말린 과일을 섞어 다시 오븐에 구워 수분을 제거함으로써 저장성을 높인 식품이다. 귀리는 타임지가 선정한 10대 푸드 중 하나로 탄수화물, 단백질, 무기질이 풍부하여 수용성 식이섬유가 많아 콜레스테롤을 낮춰주고, 베타글루칸이 함유되어 있어 장내 노폐물을 제거해주며, 마그네슘도 풍부해 불면증 예방에도 좋다. 그러나 지나치게 많이 먹으면 요산 수치가 높아지므로 임산부는 주의해야 한다.

꿀단자

Honey Stuffed Rice Balls

INGREDIENT

삼색 반죽

흰 반죽: 방앗간 흰 찹쌀가루 50g + 끓는 물 10g

노랑 반죽: 단호박 8.5g(속 긁어낸 후 8g) + 방앗간 흰 찹쌀가루 50g + 끓는 물 7.5g(+이상)

붉은 반죽: 비트가루 약간 + 방앗간 흰 찹쌀가루 50g + 끓는 물 8-9g

버무리기
참기름 .... 약간

꿀떡 소스
이소말토올리고당 100g + 생강청 5g + 아카시아청 15g

고명
구운 잣
대추채
애플민트잎

RECIPE

1. 흰 찹쌀가루에 끓는 물을 넣고 익반죽한다(흰 반죽). 전자레인지에 1분간 찐 뒤 속을 긁어낸 단호박, 흰 찹쌀가루, 끓는 물을 넣고 반죽한다(노랑 반죽). 비트가루 약간, 흰 찹쌀가루, 끓는 물을 넣고 반죽한다(붉은 반죽). 반죽은 충분히 치댄 다음 13g씩 나눈다.

2. 분할한 반죽을 둥글린 다음 끓는 물에 떠오를 때까지 삶고, 얼음물에 식혀 건진 다음 참기름에 버무려 단자를 만든다.

3. 꿀떡 소스를 모두 합한 후 **2**를 넣어 버무리고, 1시간 이상 둔다.

4. 그릇에 **3**을 적당히 담고, 구운 잣, 대추채, 애플민트잎을 뿌려 낸다.

TIP 단자(團餈)는 찹쌀가루 반죽에 소를 넣고 꿀을 발라 만든 떡이다. 단(團)은 '둥글다', 자(餈)는 '인절미'를 뜻한다.

단호박 식혜

Pumpkin Sikhye

INGREDIENT

엿기름물
- 엿기름가루 180g
- 스테비아설탕 1g
- 물 3000g

밥알
- 찹쌀 360g
- 당화용 백설탕 10g

단호박 퓌레
- 껍질 벗긴 단호박 300g + 물 120g

당도 조절
- 귤청 15g + 생강편 2-3쪽 + 스테비아설탕

마무리 고명
- 잣이나 석류
- 대추 말이 등

RECIPE

1. 찹쌀은 깨끗이 씻어 넉넉한 물에 하룻밤 불려둔다.
2. 큰 볼에 베주머니를 얹어 엿기름가루, 스테비아설탕을 넣고 느슨하게 묶어준 후, 물을 넣고 얼마간 주물러준 다음 30분간 그대로 불린다.
3. 2를 빨래하듯 바락바락 물속에서 반복해 주물러준 뒤 꼭 짜고, 주머니를 제거하고 맑은 엿기름물이 분리될 때까지 그대로 둔다.
4. 엿기름물을 밥통에 따라내어 40도로 데운다.
5. 김 오른 찜통에 면보를 깔고 불려둔 1을 올리고, 물을 뿌려가며 45분간 찹쌀을 찌고 밥통으로 옮긴다. 찹쌀이 충분히 잠기도록 4를 부어준 다음, 백설탕을 넣고 풀어준다. 밥알이 떠오를 때까지 5~6시간 동안 당화시킨다.
6. 밥알은 체에 걸러 찬물에 깨끗이 씻어 헹구고, 헹군 물과 함께 냉장 보관한다. 당화된 엿기름물은 따로 냄비에 담아둔다.
7. 껍질 벗긴 단호박을 깍둑썰기해 비닐봉지에 담아 전자레인지에 5분간 찌고, 물을 넣어 블렌더에 곱게 갈아 퓌레를 만든 후, 5에서 붓고 남은 엿기름물에 체를 대고 풀어준다.
8. 6과 7을 한데 섞어 당도 조절 재료를 넣고 한소끔 끓여 식힌뒤 냉장 보관한다.
9. 그릇에 차게 식힌 8을 담고, 6에서 헹군 찹쌀 밥알을 약간 올리고, 마무리 고명을 올려 낸다.

TIP 텁텁하지 않고 맑고 시원한 단호박 식혜를 만들고 싶다면, 단호박 양을 잘 조절해야 한다.

딸기 워터젤리

Strawberry Water Jelly

INGREDIENT

퓌레

딸기	500g
백설탕	100g
레몬즙	30g

곤약물

물 250g + 곤약가루 2g + 고운 소금 약간

RECIPE

1. 딸기는 깨끗이 씻어 꼭지를 따고, 백설탕과 레몬즙을 넣고 블렌더에 간 뒤 법랑냄비 혹은 유리냄비에 담는다.

2. 곤약물 재료를 합해서 손거품기로 풀어주고, 그 즉시 1에 넣고 불을 켠 뒤 저어주면서 한소끔 끓여낸다.

3. 젤리팩에 담아 완성한다.

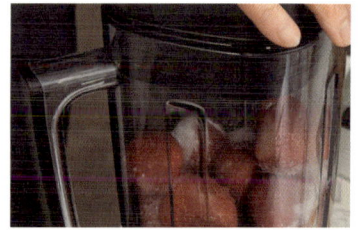   

TIP 곤약이 굳기 전에 얼른 젤리팩에 옮겨 담아야 하는데, 만약 굳기 시작했다면 중탕을 해서 따뜻하게 해가며 담으면 된다.

르뱅 쿠키

Levain Cookie

INGREDIENT

체치기

중력분 205g + 옥수수전분 20g + 베이킹파우더 2.5g + 베이킹소다 1g + 고운 소금 3.5g

반죽

찬 버터	125g
황설탕	110g
백설탕	15g
왕란	1개
바닐라 에센스	3g
입자 있게 다진 호두	70g
초코칩	170g
중력분	16g

RECIPE

1. 중력분, 옥수수전분, 베이킹파우더, 베이킹소다, 고운 소금은 합해서 체친다.

2. 부드럽고 차가운 버터를 깍둑썰기한 다음 핸드블렌더로 균일하게 풀어주고, 여기에 황설탕과 백설탕을 넣고 크림화한 다음 왕란, 바닐라 에센스를 넣어 저속으로 잠깐 섞어주고, 1을 넣고 주걱으로 자르듯 섞어준다.

3. 여기에 입자감 있게 다진 호두, 초코칩, 중력분을 합해 자르듯 섞어주고 1시간 동안 냉장 휴지한 후, 아이스크림 스쿠프로 떠서 균일하게 둥글린다.

4. 밧드에 실리콘 페이퍼를 깔고, 그 위에 일정한 간격으로 쿠키 반죽을 올려 185도로 예열한 오븐에서 10분, 190도에서 3분간 구워 완성한다.

TIP 르뱅 쿠키는 뉴욕의 저명한 르뱅 베이커리에서 유래한 초코칩 쿠키다. 다진 견과류와 초코칩이 듬뿍 들어가 있으면서 겉은 바삭하고 속은 촉촉한 것이 특징이다. 냉장 휴지를 40분쯤 했을 때 오븐을 185도로 예열해두어야 균일하게 구울 수 있으니 체크해둔다.

모스카토 칵테일

Moscato Cocktail

INGREDIENT

라임청
라임 ······················· 80g
유기농 설탕 ············ 80g

베이스
모스카토 다스티(이탈리아 와인) 750ml
스프라이트 ············ 1000g
딸기 ······················· 200g
애플민트 적당량

마무리
얼음

RECIPE

1. 소독한 밀폐용기에 얇게 슬라이스한 라임과 같은 양의 설탕을 켜켜이 뿌려 살짝 짓이겨주고, 설탕이 녹도록 중간중간 저어주면서 상온에 1일간 둔 다음 냉장 숙성한다.

2. 펀치볼에 차갑게 냉장 보관한 모스카토 다스티와 스프라이트를 붓고, 1의 라임을 건져 넣어 당도를 맞춘다.

3. 2에 꼭지를 떼고 길게 슬라이스한 딸기와 애플민트잎 적당량을 넣고 휘저어준다.

4. 상에 내기 직전, 기호에 따라 얼음 조각과 라임청 시럽을 넣어 낸다.

바스크 치즈 케이크

Basque Cheesecake

INGREDIENT

준비
유산지
분리형 틀(10cm) ······················· 2개

크림치즈 ······························· 160g
백설탕 ································ 56g
왕란 ·································· 1개
노른자 ································ 1개
옥수수전분 ····························· 8g
플레인 요거트 ·························· 48g
찬 생크림 ····························· 160g
레몬즙 ································ 5g

RECIPE

1. 분리형 틀(10cm) 2개를 준비하고, 유산지를 크기에 맞게 구겨 끼워둔다.

2. 냉장 보관해둔 크림치즈는 볼에 담아 전자레인지에 1분간 돌린 다음 주걱으로 풀어준다.

3. 주걱으로 풀어준 치즈에 백설탕을 넣고 손거품기로 잠깐 푼 다음 왕란과 노른자를 넣고 풀고, 체친 옥수수 전분을 넣어주고 잠깐 푼다.

4. 여기에 냉장 보관해 둔 플레인 요거트와 생크림, 레몬즙을 넣어 가볍게 섞은 다음, 기포를 빼고 덩어리를 풀어주기 위해 고운 체에 거른다.

5. 계량컵에 4를 담아 미리 준비해둔 틀에 90%쯤 채우고, 235도로 예열한 오븐에 25~30분간 구운 다음, 그대로 한 김 식히고 1일간 냉장 보관한다.

TIP 바스크 치즈 케이크는 스페인의 바스크 지방에서 유래한 디저트다. 크림치즈와 생크림 등을 섞어 만들어 꾸덕꾸덕하면서도 녹진한 식감이 아주 매력적이다.

송편

Songpyon

INGREDIENT

녹두소
마른 녹두 80g(불려서 거피 후 160g)
+ 백설탕 10g + 빻은 소금 1g +
꿀 15g

깨소
볶은 통깨 15g + 설탕 10g +
소금 약간

대추꿀물
대추씨 20g + 꿀 40g + 물 400g

쑥반죽
데친 생쑥 25g + 토판염 0.5g +
방앗간 멥쌀가루,
대추꿀물 6g + 끓는 물 12g

단호박반죽
단호박 34g + 방앗간 멥쌀가루 70g
+ 대추꿀물 6g + 소금 0.5g +
끓는 물 10g

비트반죽
비트 파우더 0.5g +
방앗간 멥쌀가루 70g + 대추꿀물 10g
+ 끓는 물 16g + 소금 0.5g

흰쌀반죽
방앗간 멥쌀가루 70g + 대추꿀물
10g + 끓는 물 16g + 고운 소금 약간

RECIPE

1. 녹두는 충분히 불리고, 녹두 불린 물에 흘려가며 껍질을 벗긴다. 물에 헹군 다음 체로 옮기고, 김 오른 찜통에 면보를 깔아 25분간 쪄준다.

2. 찐 녹두는 팬에 백설탕, 빻은 소금을 넣고 수분을 날려주다 반쯤 방망이로 으깨고, 꿀로 반죽한 후 11g씩 나눠 녹두소를 만든다.

3. 볶은 통깨, 설탕, 소금을 합해 깨소를 만든다.

4. 대추씨, 꿀, 물을 합해서 중불에 끓이고, 끓어오르면 약불로 줄여 10분간 끓인 다음 걸러서 대추꿀물을 만든다.

5. 생쑥을 데쳐 꼭 짠 뒤 잘게 송송 썰고, 여기에 토판염, 방앗간 멥쌀가루를 합해 커터기에 넣고, 4와 끓는 물을 넣고 한 덩어리가 되도록 치대 초록색 반죽을 만든다.

6. 껍질을 벗기고 잘게 깍둑썰기한 단호박은 비닐봉지에 담아 전자레인지에 2분간 찌고, 방앗간 멥쌀가루, 4, 소금, 끓는 물을 넣고 충분히 치대 노란색 반죽을 만든다.

7. 비트 파우더, 방앗간 멥쌀가루, 4, 끓는 물, 소금을 넣고 충분히 치대어 분홍색 반죽을 만든다.

8. 방앗간 멥쌀가루, 4, 끓는 물, 고운 소금을 넣어 충분히 치대어 기본 흰색 반죽을 만든다.

9. 네 가지 반죽과 녹두소, 깨소를 이용해 송편을 빚은 뒤, 찜통에 젖은 보를 올리고 세척한 솔잎을 깐 다음 김이 올라오면 20분간 찌고, 다시 중불에 5분, 약불에 5분간 쪄낸 다음 뜨거울 때 참기름에 버무려 식힌다.

TIP 뜨거운 물로 익반죽해 치댄 송편 반죽을 비닐에 잘 싸서 1시간 정도 숙성해두면 반죽이 더 쫄깃해진다.

쑥버무리

Mugwort Rice Cake

INGREDIENT

전처리

어린 봄쑥	90g
물 + 식초 약간	
호박고지	20g
크랜베리	5g
스테비아설탕	12g

체치기

방앗간 쌀가루 230g + 소금 약간	
물	45g
스테비아설탕	30g

찌기

스테비아설탕	15g

RECIPE

1. 봄쑥은 손질한 다음, 식초를 넣은 물에 10분간 담갔다 깨끗이 씻어 체에 옮기되, 너무 마르지 않도록 한다.

2. 호박고지와 크랜베리는 찬물에 20분 불렸다 건져내 꼭 짜고, 1cm 크기로 토막 낸 다음 스테비아설탕에 버무려둔다.

3. 소금을 넣고 빻은 방앗간 쌀가루는 물을 넣고 비벼 중체에 거른 뒤, 스테비아설탕을 넣고 훌훌 섞는다.

4. 3에 1을 넣고 털 듯 가볍게 섞어준 뒤, 2를 넣고 합해 설렁설렁 섞어준다.

5. 찜기에 종이호일이나 적신 베보를 깔고, 스테비아설탕을 바닥에 퍼지게 깔아준 다음 4를 올리고, 김이 오르면 강불에 25분 끓이다 불을 끄고 5분간 뜸 들인다.

TIP 봄쑥은 의사를 대신하는 의초라 불릴 정도로 몸에 이로운 식재료로써, 성질이 따뜻해서 생리통 등 부인과 질환에 좋다. 쑥 특유의 쌉싸름한 향은 치네올이라는 성분 때문에 나는 것으로, 치네올은 장내 유해세균의 생성을 억제하고 면역력 증진에 도움을 준다고 알려져 있다. 한편 쑥은 국, 떡, 디저트 등 다양한 요리에 응용 가능한 만능 식재료이기도 하다.

아몬드 사브레 쿠키

Toasted Almond Sablés

INGREDIENT

체치기

박력분 100g + 베이킹파우더 1g + 아몬드가루 50g

반죽

버터	80g
분설탕	120g
소금	2g
노른자	1개
구운 아몬드	

RECIPE

1. 박력분, 베이킹파우더, 아몬드가루는 합해서 체를 친다.

2. 1에 상온 보관해둔 버터를 넣고, 핸드블렌더로 부드럽게 풀어준다.

3. 분설탕, 소금을 넣어 크림화한 다음 상온 보관해둔 노른자를 넣고 계속 크림화하고, 체를 쳐둔 가루를 넣고 자르듯 섞어주고, 접어가며 반죽해준다.

4. 3을 20g씩 분할해 동글납작하게 만들고, 가운데에 아몬드를 한 개씩 박고, 밧드에 충분히 간격을 둬서 올린다.

5. 190도로 예열한 오븐에 10~12분간 구워 그대로 식힌 다음 옮긴다.

애플 바나나 컵케이크

Apple Banana Cupcakes

INGREDIENT

준비
유산지 컵
머핀 틀

모스카토 사과 졸임

사과 1개 + 모스카토 와인 50g +
코앵트로 5g
유자청 건지 30g + 건포도 40g

체치기

박력분 140g + 토판염 1g +
베이킹파우더 3g + 계피가루 4g +
넛맥 0.5g

반죽

으깬 바나나	114g
간 사과	145g
버터	112g
유기농 설탕	100g
왕란	1개

RECIPE

1. 팬에 껍질을 벗기고 사방 1cm로 깍둑썰기한 사과, 모스카토 와인, 코앵트로를 넣고 물기가 없어질 때까지 졸이다, 유자청 건지와 건포도를 넣고 골고루 섞어 식힌다.

2. 박력분, 토판염, 베이킹파우더, 계피가루, 넛맥을 합해 체친다.

3. 바나나는 으깨고, 사과는 껍질을 깐 뒤 갈아서 섞어둔다.

4. 볼에 상온에 둔 버터를 풀어준 다음 유기농 설탕, 상온에 둔 왕란을 순서대로 넣고 크림화한 뒤, 2를 넣고 자르듯 섞어준다. 그다음 3을 넣어 섞어주고, 마지막으로 1을 넣고 골고루 섞어준다.

5. 유산지 컵을 얹어둔 머핀 틀에 케이크 반죽을 올리고, 180도로 예열한 오븐에 20~25분간 굽는다.

6. 구운 컵케이크는 틀째로 미지근해질 때까지 식힌 다음, 틀에서 분리해 망 위에 올려 식힌다.

약식

Yaksik

INGREDIENT

밑간
찹쌀 1200g

밤 10개 + 천연 설탕 17g

캐러멜
백설탕 210g
끓는 물 135g

대추고
물 600g + 대추 6개 + 대추씨
토판염 3g

속고명
천연 설탕 150g + 꿀 35g + 간장 57g
+ 계피가루 4.5g + 대추 15개 +
밤 8개 + 잣 20g + 호두 9개

웃고명
돌려깎은 뒤 채썬 대추 6개 +
2등분한 호두 7개 + 볶은 은행 30알
+ 잣 16g + 꿀 28g + 물 8g

버무리기
참기름 45g

RECIPE

1. 찹쌀은 깨끗이 씻은 다음 최소 7~8시간 물에 불려 체로 옮겨 물기를 빼고, 사방 0.5cm로 깍둑썰기한 밤과 천연 설탕을 넣고 버무리고, 김 오른 찜통에 면보를 깔고 그 위를 면보로 다시 덮어 강불에 30분간 찐다.

2. 백설탕을 팬에 담아 젓지 않고 팬을 돌려가며 그대로 갈색이 나도록 캐러멜화한다음, 끓는 물을 붓는다.

3. 물, 돌려깎기한 대추, 대추씨를 냄비에 담아 중불에 뚜껑을 닫은 채로 바닥에 물기가 거의 없이 자작해질 때까지 23~25분간 끓이고, 체로 거른 다음 토판염으로 간해 대추고를 만든다.

4. 큰 볼에 1~3과 속고명 재료를 합해 버무리고, 면보를 덮어 40분간 숙성한다.

5. 웃고명 재료를 작은 팬에 합해서 살짝 졸인다.

6. 4를 김 오른 찜통에 면보를 깔고 다시 강불에 30분간 쪄준 다음, 볼에 옮겨 참기름을 넣고 버무려준다.

7. 바닥에 랩을 깔고 참기름을 살짝 발라둔 틀에 6을 고르게 펴준 다음, 살짝 데워 녹인 5를 골고루 올려서 꾹꾹 눌러준 뒤 한 김 식혀 굳힌다.

TIP 흔히 꿀이 약으로 쓰였던 시절, 꿀이 들어간 밥이란 뜻으로 '약식' 또는 '약반'으로 불렸던 요리다. 정성이 가득 담긴 약식은 예쁘게 포장해서 선물해도 좋다.

오미자 젤리

Omija Jelly

INGREDIENT

전처리

오미자 26g + 물 400g

젤리

젤라틴 7g
백설탕 96g

부재료

생과일(딸기, 블루베리, 배 등),
민트잎 .... 약간

RECIPE

1. 오미자는 가볍게 헹궈서 물에 하룻밤 불린 다음, 물과 함께 그대로 냄비에 담는다.

2. 젤라틴은 찬물에 10분간 불린다.

3. 1에 백설탕을 넣고 약불에 젓지 않고 그대로 녹이고, 2를 꼭 짜서 넣고 저어준 다음, 살짝 식힌다.

4. 준비한 틀에 3을 거르고 딸기, 블루베리, 배 등을 넣고 냉장고에서 굳힌다.

5. 어느 정도 굳었을 때 민트잎을 올려 젤리가 될 때까지 굳힌다.

TIP 오미자는 혈관의 노폐물을 제거해서 혈액순환을 도와주며, 성인병 예방에도 좋다.

요거트 과일 타르트

Tarte Aux Fruits et Yogourt

INGREDIENT

준비
미니 머핀 틀
세라믹빈

타르트 반죽
박력분 100g + 강력분 25g + 백설탕 2g + 토판염 3g + 찬 버터 50g
노른자 10g + 우유 15g + 생크림 15g

비스킷 반죽
버터 20g + 설탕 20g + 박력분 20g + 아몬드 파우더 20g

필링
그릭 요거트 90g + 크림 치즈 90g + 꿀 40g + 생오렌지 주스 16g + 오렌지 제스트 약간

과일
청포도
체리
블루베리

마무리
오렌지 제스트, 슈거파우더 ······ 약간

RECIPE

1. 박력분, 강력분, 백설탕, 토판염, 깍둑썰기한 차가운 버터를 모두 커터기에 넣고 보슬보슬해지도록 돌려주다, 노른자, 우유, 생크림을 넣고 한 덩어리가 되도록 돌려주고, 꺼내어 비닐봉지에 둥글납작하게 넣어준 후, 1~2시간 동안 냉장 휴지한다.

2. 비스킷 반죽 재료를 모두 합해 둥글납작하게 빚고, 비닐봉지에 싸서 1과 마찬가지로 1~2시간 동안 냉장 휴지한다.

3. 필링 재료를 모두 합해서 냉장 보관한다.

4. 1을 밀대로 민 후 틀로 찍어 미니 머핀 틀에 안치고, 그 위에 얇게 민 2를 덧입히듯 안쳐준다. 윗부분을 포크로 군데군데 피케한 뒤 유산지를 맞춰 잘라 올리고, 세라믹빈을 얹어 160도로 예열한 오븐에 20분간 구워 식힌다.

5. 4에 3을 채우고, 과일을 올린 다음 마무리 재료를 뿌려 완성한다.

초코칩 호두 케이크
Chocolate Chip Walnut Cake

INGREDIENT

준비
구겔호프 틀 18cm

체치기
박력분 150g + 아몬드가루 50g + 베이킹파우더 2.5g

머랭
흰자 3개
백설탕 75g

반죽
버터 150g
백설탕 75g
노른자 3개
바닐라 에센스 약간
(혹은 바닐라빈 1/2개)
플레인 요거트 85g
초코칩 50g
호두 50g

메이플 아이싱
슈거 파우더 50g + 메이플 시럽 15g + 레몬즙 2g + 우유 2g

장식
레몬 껍질
블루베리
민트잎

RECIPE

1. 박력분, 아몬드가루, 베이킹파우더를 합해서 체친다.

2. 흰자에 백설탕을 넣어 머랭을 친다.

3. 볼에 상온에 둔 버터, 백설탕을 넣어 크림화한 후, 노른자 3개, 바닐라 에센스를 넣되 노른자를 1개씩 넣어가며 크림화한다. 1과 2, 플레인 요거트를 번갈아 가며 넣어 자르듯이 반쯤 섞어주다, 초코칩, 굵게 다진 호두를 넣고 완전히 섞어준다.

4. 버터를 바르고 밀가루로 털어내 준비한 구겔호프 틀 안에 3을 붓고 탁탁 쳐서 공기를 빼준 다음, 170~175도로 예열한 오븐에 40분간 굽고, 망에 식힌다.

5. 재료를 모두 합한 메이플 아이싱을 식힌 케이크 위에 자연스럽게 흘려서 1시간 동안 굳힌 다음, 레몬 껍질, 블루베리, 민트잎으로 장식한다.

Dessert & Sweets

초콜릿 가나슈 케이크

INGREDIENT

준비
18cm 원형틀

중탕
달걀	100g
백설탕	95g
꿀	20g

휘핑
베이킹소다	1g
베이킹파우더	1g
미림	7.5g
물	1.5g

강력분 10g + 박력분 90g

물	40g

가나슈

생크림 60g + 다크커버춰 초콜릿 80g

장식
체리
애플민트잎 등

RECIPE

1. 상온에 둔 달걀을 손거품기로 풀고, 여기에 백설탕과 꿀을 합한 후 중탕을 시킨다. 동시에 핸드블렌더로 휘핑하다가 달걀의 온도가 따뜻해지면 불에서 내려 단단하고 조밀하게 거품을 친다(이때, 거품색은 미색으로 바뀌고 거품을 떨어뜨렸을 때 거품 자국이 선명해야 한다).

2. 1에 핸드블렌더로 베이킹소다, 베이킹파우더를 넣고 휘핑하다 미림과 물을 넣고 계속 휘핑해준다. 이어 체 친 강력분과 박력분, 미지근한 물을 넣으면서 주걱으로 자르듯 완전히 섞어준다.

3. 버터를 바르고 강력분으로 털어낸 원형 틀에 2를 넣고, 틀째로 탁탁 쳐서 공기를 빼준 뒤, 160도로 예열한 오븐에 35분간 굽는다. 이때 30분쯤부터 반죽 상태를 체크한다.

4. 생크림과 잘게 자른 다크커버춰 초콜릿을 합한 후, 전자레인지에 30초 단위로 확인해가며 저어 녹여주어 가나슈를 만든다.

5. 구운 반죽은 틀에서 바로 꺼내 망 위에 올려 완전히 식힌 뒤, 가나슈가 전체적으로 코팅이 될 때까지 붓고 냉장고에서 잠시 굳힌다. 붓고 남은 가나슈는 별깍지 모양 짤주머니에 담는다.

6. 굳힌 가나슈 케이크에 짤주머니로 케이크 가장자리와 윗면에 가나슈를 조금씩 짜 올리고, 반 토막 낸 체리, 꼭지 달린 체리 등으로 장식한 다음, 냉장고에 다시 넣어 굳힌다.

초콜릿 타르트
Chocolate Tart

INGREDIENT

준비
타르트 틀
원형 유산지
세라믹빈

타르트 반죽
버터	50g
슈거 파우더	50g
달걀	1개
바닐라 에센스	약간

중력분 80g + 베이킹파우더 2g +
아몬드 파우더 16g +
코코아 파우더 60g

타르트 필링
다진 다크 초콜릿 200g + 생크림 200g + 우유 100g
상온 달걀 1개 + 노른자 1개 + 백설탕 56g + 코앵트로 5g

마무리(선택)
청포도
졸인 오렌지필

RECIPE

1. 상온에 둔 버터와 슈거 파우더를 섞어 크림화한 다음, 상온에 둔 달걀과 바닐라 에센스를 나누어 넣어가며 계속 크림화한다.

2. 1에 중력분, 베이킹파우더, 아몬드 파우더, 코코아 파우더를 모두 체를 친 후 넣고, 자르듯 반죽해준 다음 비닐봉지에 담아 둥글납작한 덩어리가 되도록 만든다. 이 상태로 밀대로 타르트 틀에 맞도록 밀어 펴주고, 봉지에서 꺼낸 반죽을 틀에 맞춰 깐 다음 포크로 피케하고, 10분간 냉장 휴지한다.

3. 다진 다크 초콜릿, 생크림, 우유는 합해서 중탕으로 녹인 다음 미지근하게 식힌다.

4. 볼에 상온에 둔 달걀, 노른자, 백설탕, 코앵트로를 손거품기로 풀어주고, 3을 넣고 손거품기로 완전히 섞어 타르트 필링을 완성해둔다.

5. 10분간 냉장 휴지한 타르트 반죽에 원형으로 자른 유산지를 올리고, 세라믹빈을 얹은 다음 170도로 예열된 오븐에 10분간 굽고, 유산지와 세라믹빈을 제거한다.

6. 5에 만들어둔 타르트 필링을 붓고, 160도로 예열된 오븐에 28~35분간 구운 다음 틀째로 그대로 식힌다.

7. 식힌 타르트에 청포도, 졸인 오렌지필로 장식한다.

TIP 코코아매스 함량이 높을수록 진한 초콜릿 맛을 즐길 수 있다.

캐러멜 소스의 판나코타

Panna Cotta in Caramel Sauce

INGREDIENT

불리기
판 젤라틴 4장

캐러멜 소스
백설탕 100g
뜨거운 물 50g

끓이기
우유 100g + 생크림 150g + 백설탕 20g

마무리
민트잎
냉동 믹스베리

RECIPE

1. 찬물(여름에는 얼음물 사용)에 판 젤라틴 2장을 불린다.

2. 작은 코팅냄비에 백설탕, 전자레인지에 데운 뜨거운 물을 넣어 캐러멜화한 다음, 완성 그릇 2개에 1/4을 깔아주듯 붓는다.

3. 우유, 생크림, 백설탕을 냄비에 붓고, 끓기 직전까지 저어가며 데워준다.

4. 여기에 불린 판 젤라틴을 짜 넣고 저어가며 녹인 다음 얼음물 위에서 얼마간 식혀 2에 1/2씩 부어서 40분간 냉장고에서 굳힌다.

5. 굳힌 판나코타에 남아 있는 캐러멜 소스를 나눠붓고, 민트잎, 냉동 믹스베리를 올려 장식한다.

TIP 이탈리아어로 Panna는 '크림', Cotta는 '익힌'을 뜻하는데, 판나코타는 이탈리아 북부 지방에서 즐겨 먹는 디저트다.

티라미수

Tiramisu

INGREDIENT

시트

뜨거운 물 600g + 인스턴트 커피 3T
깔루아 ······················· 3T
레이디 핑거 쿠키

휘핑

찬 생크림 300g + 설탕 36g
노른자 3개 + 설탕 36g
크림치즈 ······················· 300g

마무리

코코아 파우더

RECIPE

1. 뜨거운 물에 인스턴트 커피를 녹여 식힌 뒤 깔루아를 섞는다.
2. 여기에 레이디 핑거 쿠키를 1개씩 푹 담근 후 용기 바닥에 깔아주듯 올린다.
3. 볼에 차가운 생크림과 설탕을 넣고 90% 정도 휘핑한다.
4. 다른 볼에 노른자, 설탕을 넣고 충분히 크림화한 뒤, 상온에 둔 크림치즈를 넣고 완전히 섞이도록 크림화한다.
5. 여기에 3을 나누어 넣으며 주걱으로 자르듯 섞는다.
6. 2 위에 5를 듬뿍 올려 평평히 덮고, 다시 적셔둔 레이디 핑거 쿠키를 올린 뒤 크림을 덮고, 맨 위에 코코아 파우더를 체 대고 뿌린 다음, 냉장고에 2시간 동안 숙성한다.

TIP 티라미수는 Trare(밀다), me(나), su(올리다)가 합쳐진 말이다. '나를 끌어 올리다', 즉 의역하면 '기분이 좋아진다'다. 먹으면 기분이 좋아지는 티라미수에 딱 어울리는 표현이 아닐 수 없다.

Studio Gusto:
The Cookbook

●

2023년 8월 1일 초판 인쇄 ◎ 2023년 8월 1일 초판 발행 ◎ **지은이** 강윤주 ◎ **펴낸이** 정원우
◎ **기획총괄** 제갈승현 ◎ **디자인** 권예진 ◎ **사진** 신현국(포토윌 스튜디오) ◎ **교정교열** 임인선
◎ **펴낸곳** 어깨 위 망원경 | 서울시 강남구 강남대로 118길 24 3층 | tele.director@egowriting.com
◎ 출판등록 2021년 7월 6일 (제2021-00220호)

●

ⓒ 2023, 강윤주 All rights reserved.
이 책은 저작권법에 따라 보호받는 저작물이므로 무단전재와 무단복제를 금지하며,
이 책의 내용을 이용하려면 반드시 저작권자와 본사의 서면동의를 받아야 합니다.

ISBN 979-11-983187-3-2